Elegie

Und wenn der Mensch in seiner Qual verstummt
Gab mir ein Gott zu sagen was ich leide.

Was soll ich nun vom Wiedersehen hoffen?
Von dieses Tages noch geschlossner Blüte?
Das Paradies, die Hölle steht dir offen,
Wie wankelsinnig regt sich's im Gemüthe! —
Kein Zweifeln mehr! Sie tritt ans Himmelsthor,
Zu Ihren Armen hebt Sie dich empor.

Friedemann Bedürftig

Die *lieblichste der lieblichsten* Gestalten

Ulrike von Levetzow und Goethe

Rowohlt
Taschenbuch Verlag

«Minutiös recherchiert.
Bedürftigs Buch ist eine kleine Fundgrube.»
(Welt am Sonntag)

Friedemann Bedürftig, geboren 1940 in Breslau, studierte Germanistik und Geschichte in Tübingen. Er arbeitete als Lexikonredakteur, Verlagslektor und Journalist. Seit 1981 lebt er als freier Autor in Hamburg.

Veröffentlicht im Rowohlt Taschenbuch Verlag,
Reinbek bei Hamburg, Dezember 2005

Umschlaggestaltung any.way,
Barbara Hanke/Cordula Schmidt
(Abbildungen: Ulrike von Levetzow: Stiftung Weimarer Klassik und Kunstsammlungen; Johann Wolfgang von Goethe: Gem. v. Kolbe, akg-images; Schriftzug: Stammbuchblatt 1791, akg-images)
Satz KCS GmbH, Buchholz/Hamburg
Druck und Bindung
Druckerei C. H. Beck, Nördlingen
Printed in Germany
ISBN 3 499 23849 7

Die *lieblichste der*
lieblichsten Gestalten

Prolog

«Sah ein Knab ein Röslein stehn ...» – Urvers aller Liebeslieder. Was aber, wenn der «Knab» über siebzig Jahre alt wäre und das «Röslein» ein junges Ding von achtzehn oder neunzehn? Das will selbst in unseren Zeiten des notorischen Tabu-Bruchs und des «so what?» nicht recht passen. Da ist dann auf einmal gar nicht mehr so sehr die Frage, was dem oder jenem gefällt, sondern wieder vielmehr, was sich ziemt, obwohl alle Instanzen, die einst darüber zu befinden gehabt hätten, längst entmachtet sind.

1823 aber setzten sie noch frag- und konkurrenzlos die sittlichen Maßstäbe, da kamen Ausnahmen nur sozusagen von Gottes Gnaden in Frage, und auch das noch rechtsförmig bemäntelt als Ehen «zur linken Hand». Gewiß, Goethe galt durchaus als gottbegnadet, aber doch allenfalls poetisch. Was den Benimm anging, stand ihm keine Extrawurst zu, und er selbst wäre der letzte gewesen, an gesellschaftlichen Schranken zu rütteln, siehe Tasso. War er beispielsweise mit seinem Landesherrn Karl August allein, gestattete der ihm das freundschaftliche «Du». Kam aber ein auch nur halbwegs Fremder ums Eck, hieß es ruckartig auf «Durchlaucht» umschalten.

Und doch: In der Liebe scherte Goethe sich nicht darum, was die Mode streng geteilt, wie es Freund Schiller ausgedrückt hatte. Schon seine gerade auch von diesem berümpfte Liaison mit Christiane Vulpius, die er erst nach achtzehn Jahren «wilder Ehe» und mehreren Schwangerschaften legalisiert hatte, zeigte, daß er es in intimis souverän ignorierte, wenn sich die Leute das Maul zerrissen. Er stand unerschütterlich zu seinem «Verhältnis» und zu seinem «natürlichen» Sohn. Das allerdings, was sich seit 1821 anbahnte – seine Frau war vor einem Jahrfünft gestorben –, bot womöglich noch mehr Lästerstoff, denn zum Unschicklichen kam in den Augen der Tugendbolde ein Zug ins Blamable.

Längst vergessen wäre der Zwischenfall, hätte er nicht Stoff und Impuls geliefert für ein Gedicht, das in der Weltliteratur seinesgleichen sucht: In der «Marienbader Elegie» spiegelt sich die tiefe seelische Erschütterung des Dichters, gehen Kunst und Leben einen rettenden Bund ein, reflektiert Lyrik über Sehnen und Singen und mithin über sich selbst. Um zu verstehen, wie sich Poesie aus einem tiefen Lebenstal heraus zu solcher Intensität aufschwingen kann, ist zunächst der biographische Hintergrund zu beleuchten.

*

Im fraglichen Jahr war der Dichter erstmals nach Marienbad zur Kur gefahren, nachdem er schon im Vorjahr dem im Aufbau befindlichen Ort eine Stippvisite abgestattet hatte. «Nicht leicht habe ich etwas Erfreulicheres gesehen», hatte er damals nach Hause gemeldet und damit sowohl die planvolle Bäderanlage wie die geologischen Neuigkeiten der Gegend gemeint. Karlsbad, bisher sein Favorit unter den Gesundbrunnen im Böhmischen, war in diesem

Punkt für ihn weitgehend abgegrast. Auch bestach ihn das neue, ansehnliche, nach dem gräflichen Erbauer benannte Klebelsbergsche Palais. Das aber war verwunschen, was Goethe freilich erst in den beiden Folgejahren zur Gänze aufging.

Betrieben nämlich wurde es von einem Herrn von Brösigke, dessen lieblicher Tochter Amalie, verheiratete und inzwischen verwitwete von Levetzow, Goethe schon 1806 in Karlsbad begegnet war; er sprach von ihr bewundernd als einem «glänzenden Stern meines früheren Horizonts». Diese nahm nun natürlich auch Quartier im buchstäblich hohen Haus des Vaters, von wo der ganze noch wenig bewachsene Ort zu überblicken war und auf dessen Terrasse man weithin gesehen wurde. Dieser Aspekt nämlich fällt beim Kuren kaum weniger ins Gewicht als die Aussicht. Amalie hatte mittlerweile ihrerseits drei liebliche Töchter, von deren anmutigen Gestalten sich Goethe gern eingerahmt sah und denen er soviel Aufmerksamkeit schenkte, daß sich die Zaungäste darüber in allerlei, und keineswegs nur wohlwollenden, Mutmaßungen ergingen.

Zunächst, 1821, sah man im Quartett Goethes mit den drei noch fast kindlichen Grazien nur Großväterliches und erzählte sich angelegentlich manches über die schwierigen Verhältnisse des verehrten Geheimrats daheim in Weimar. Sohn August und Schwiegertochter Ottilie, die in der Mansardenwohnung des Goethe-Hauses am Frauenplan wohnten, vergällten ihm die Häuslichkeit durch Vergnügungssucht, Oberflächlichkeit und Unruhe. Hier bei den Levetzows habe er offenbar jenes Behagen gefunden, das ihn nun sichtlich aufblühen lasse. Die damals 17jährige Ulrike, still und aufmerksam, lauschte geduldig den Belehrungen Goethes. Die um zwei Jahre jüngere Amelie war ständig zu Neckereien aufgelegt und brachte den alten Herrn manchmal hübsch auf Trab. Und Bertha, die jüngste, zeigte erfreuliches Interesse an seinen geologisch-mineralogischen Sammlungen.

Im Folgesommer traf man sich erneut im Klebelsbergschen Palais und nahm sogleich den vertrauten Umgang wieder auf. Eine Veränderung aber gab es insofern, als Goethe nun besonders Ulrikes Nähe suchte, mit ihr spazierenging, um ihretwillen ausdauernd tanzte, ihr Bücher schenkte und Widmungszeilen hineinschrieb. So las die junge Frau in einem Band der Lebenserinnerungen «Dichtung und Wahrheit» mit dem Abschnitt über des Dichters Teilnahme am Feldzug in Frankreich 1792: «Wie schlimm es einem Freund ergangen,/ Davon gibt dieses Buch Bericht./ Nun ist sein tröstendes Verlangen:/ Zur guten Zeit vergiß ihn nicht.» Auf die Idee, darin mehr zu sehen als eine nette Geste, kam Ulrike an dieser Stelle ebensowenig wie bei einem Scherz Goethes, der ihr ein paar Fundstücke von Gebirgsexkursionen mitgebracht hatte, wohlwissend, daß sie sich dafür wenig zu begeistern vermochte. Deswegen hatte er zwischen den Steinen Wiener Schokolade versteckt und dazu den Vers: «Genieß das auf deine eigne Weise,/ wo nicht als Trank, doch als geliebte Speise.» Das fand Ulrike «entzückend», mehr nicht.

Der Dichter aber machte sich keine Illusionen. Er fühlte, daß sich für die erblühte Ulrike längst mehr als nur Großväterlichkeit in seinem Herzen regte. Es trieb ihn um, und wie stets suchte er poetisch zu ergründen, wie es um ihn stand. Dabei flogen ihm Verse zu, die den Sog der Schönheit und den Bann der Jugend eher verstärkten als Klärung schufen. «Könnt ich vor mir selber fliehn ...», seufzte er, und: «Ach, wer doch wieder gesundete!» Ja, er war liebeskrank, ein Zustand, der sich nach dem Abschied am 25. August 1822 in sehnsuchtsvollen Versen äußerte. Im Wechsel von männlichem und weiblichem Part erklingen «Äolsharfen», so der Titel, im Windhauch, und «Er», Goethe, beschwört den Regenbogen («Iris») als Zeichen eines ewigen Bundes: «Ja, du bist wohl an Iris zu vergleichen!/ Ein liebenswürdig Wunderzeichen./ So schmiegsam herrlich, bunt in Harmonie/ Und immer neu und immer gleich wie sie.»

Trost bot ihm nur, daß auch im kommenden Jahr wieder gemeinsame Marienbader Wochen anstanden. Ulrike schrieb ihm darüber gegen Jahresende, und Goethe antwortete am 9. Januar 1823, er gedenke ihrer ständig wie ein «liebender Papa seiner treuen, schönen Tochter». Eine geübtere Leserin hätte wohl spätestens beim Briefschluß die Ungeduld des Verliebten gespürt: «Möge mir an Ihrer Seite jenes Gebirgstal mit seinen Quellen so heilbringend werden und bleiben als ich wünsche Sie froh und glücklich wieder zu finden. treu anhänglich J. W. v. Goethe.»

*

Aus dem Wiedersehen wäre um ein Haar nichts geworden, denn der Dichter erkrankte im Frühjahr an einer lebensbedrohlichen Herzbeutelentzündung (Perikarditis). Er genas nur sehr allmählich, aber er genas. Die Aussicht auf das baldige Zusammensein mit seiner Marienbader «Familie» und vor allem mit Ulrike dürfte die Lebensgeister dabei nicht unwesentlich unterstützt haben. Am 26. Juni verließ

Goethe Weimar, am 2. Juli erreichte er Marienbad, und am 11. Juli schloß sich der traute Kreis erneut, denn da trafen die Levetzows ein. Allerdings wohnte Goethe nun in der «Goldenen Traube» gegenüber, weil Großherzog Karl August auf seinen Rat hin ebenfalls nach Marienbad gekommen war und das Palais beanspruchte. Treffpunkt aber blieb weiter die Brösigke-Terrasse, in diesem Jahr womöglich noch intensiver genutzt als früher, denn jetzt hielten hier Herzog und Dichterfürst zugleich Hof vor aller Augen. Auch wenn sich vieles in Salons und im Ballsaal abspielte, dem Publikum blieb nichts verborgen. Staunend verfolgte es, daß sich hier eine Posse entwickelte, oder gar eine Schmierenkomödie, wie es manche empfanden. Was kann es Alberneres geben als einen scharwenzelnden verliebten Greis, der sich bei Pfänderspielen lächerlich macht, glühenden Gesichts an Hopsereien der Jungen teilnimmt und nur noch Augen für die Angebetete hat? Noch dazu für eine, die kaum den Mädchenjahren entwachsen ist? Der große Goethe und das ahnungslose Kind! Man faßte es nicht und konnte doch bald ebensowenig mehr im Zweifel sein, wie es der Dichter selbst war. Er diktierte ein kaum verhülltes Geständnis, in dem er von «heiligen Nächten» spricht, in denen er von ihr geträumt habe und davon, daß ihm ihre «Gegenwart unentbehrlich» geworden sei. «Sollte das nicht», fragt er sich rhetorisch, «auf eine recht innerliche Zuneigung deuten, auf unbezwingliche Anhänglichkeit und wahre Liebe?»

Nicht satt sehen konnte er sich an seinem «Töchterchen», ja er bat Ulrike sogar um bestimmte Bewegungen. Ob sie ihm nicht ein paar Steine aufheben und bringen könne? Nur um sich an ihrem Bücken zu entzücken, wie er der

Mutter ganz offen erklärte. Und seinem großherzoglichen Freund bekannte er: Er, Goethe, habe einen Arzt zu Rate gezogen und gefragt, ob in seinem Alter der Lebensbund mit einer jungen Frau schaden könne. Der Doktor habe keinerlei Bedenken geäußert. Karl August mochte sich vorstellen, wie der Medizinmann dabei innerlich gegrinst hatte, und auch er selber schüttelte erst einmal den Kopf: «Hörst du noch nicht auf, Alter? Immer Mädchen!» Doch er kannte seinen Goethe und sah das flackernde Feuer der Hoffnung und des Verlangens in den großen dunklen Augen. Und warum am Ende auch nicht? Mußte der Ewig-Liebende, der nach Verführung Schmachtende seine alten Tage einsam und im bitteren Gezänk mit der Familie des durstigen Sohnes vergeuden?

Der Großherzog erklärte sich bereit, bei den Levetzows den Brautwerber zu machen. Ihn könne man so ohne weiteres nicht zurückweisen, zumal er Mutter wie Tochter Verlockendes in seiner Residenz anbieten wolle: Haus, Hofnähe, Pension. Wie das Gespräch dann tatsächlich verlief, darüber wissen wir wenig. Es wird wohl auf ein höfliches Hinhalten hinausgelaufen sein. Jedenfalls war nichts an den Gerüchten, die sofort kursierten: Goethe habe die älteste Levetzow bereits geheiratet. Das nun nicht, aber abgeblasen war der Plan auch noch nicht, und der Dichter selbst hielt die Gerüchteküche am Brodeln durch Briefe nach Hause. Darin fanden sich allerhand Anspielungen auf den Namen «Ulrike», den auch die Schwägerin des Sohnes trug. Vielleicht könnte ein «Drittes oder Viertes» hinzukommen und das Zusammensein daheim befördern, fügte er hinzu.

Das war am 18. August, und die in der Luft hängende Entscheidung zerrte an aller Nerven. Man brauchte Distanz, auch um Ulrikes willen, fand die Mutter. Die Levetzows reisten zwei Tage später nach Karlsbad. Goethe ahnte wohl, daß dies ein unausgesprochenes «Nein» bedeutete. Er habe, hieß es im letzten Marienbader Schreiben nach Weimar, «das Bittersüße des Kelchs bis auf die Neige getrunken und ausgeschlürft». Akzeptieren aber mochte er den definitiven Abschied noch nicht. «Möge das alles werden, wie ich's denke und wünsche», äußerte er wenig später im selben Brief, der auch seine Abreise aus Marienbad ankündigte, das nun «ganz leer» für ihn sei. Er werde nach Eger gehen.

Das tat er auch, aber es hielt ihn dort nicht. War doch noch etwas im Kelch? Er reiste den Levetzows nach und quartierte sich am 25. August im selben Haus in Karlsbad ein, im Stockwerk über den Damen. Keine Seite sprach in den verbleibenden zwölf Tagen von dem Antrag und darüber, ob eine Verbindung Goethes mit Ulrike überhaupt in Betracht käme. Für die junge Frau stand offenbar fest, daß es mit Rücksicht auf Goethes Familie und auf den enormen Altersunterschied besser bei Töchterlichkeiten bleiben sollte. Goethe selbst rührte nicht daran, zu leicht hätte er den Zauber zerstören können, der sie alle umfing. Denn es wurden unbeschwerte, ja heitere Tage, die zu verkürzen ihm selbst dann als Frevel erschienen wäre, wenn es tatsächlich die letzten, ja die «letztesten» sein sollten, wie er es in der bald entstehenden «Elegie» erkennen und benennen würde.

Höhepunkt wurde sein 74. Geburtstag am 28. August. Die Levetzows hatten sich geschworen, darüber kein Wort zu verlieren, und doch alles Gehörige vorbereitet. Einen frühen Kutschausflug nach Elbogen, ein Picknick und auch ein Geschenk, einen Kristallbecher mit den eingravierten Namen der Töchter. Die Mutter hatte auf allen drei Namen bestanden, damit nicht wieder das Sonderverhältnis zu Ulrike betont würde. Den Becher erhielt Goethe ausdrücklich nicht zum Geburtstag, sondern als Erinnerung an das «schöne Beisammensein». Alle wußten zwar, daß alle wußten, doch zur «fortgesetzten Lustigkeit», wie Goethe im Tagebuch notierte, gehörte eben auch dieses scherzhafte Tabu, das sich erst löste, als man abends heimkehrte und den ganzen Kurort auf den Beinen fand, dem Dichter zu gratulieren. Damit endete der «Tag des öffentlichen Geheimnisses», wie ihn Goethe fortan nannte und damit sowohl das Beschweigen seines Geburtstages wie seines Verhältnisses zu Ulrike meinte. Denn auch über diese asymmetrische Romanze glaubte ja inzwischen jedermann Bescheid zu wissen und mehr oder minder abfällig urteilen zu dürfen.

Noch einige Tage flossen dahin mit «vielfachen Erinnerungen», wie es am 31. August im Tagebuch heißt. Dann nahte die Trennung und der Moment des Erkennens, daß es nun doch die «letzteste» sein würde. Mühsam bewahrte Goethe die Fassung. Ein Kuß noch, dann ein «etwas tumultuarischer Abschied» am 5. September. Er war allein in seinem Wagen. Wie damals 1786 ebenfalls in Karlsbad. Seinerzeit aber war es ein Aufbruch zu neuen Ufern in den heraufdämmernden hellen Tag gewesen. Dieses Mal vermochte nicht einmal die Morgensonne darüber hinwegzutäuschen, daß die Reise in den Abend ging und bereits die Nacht ahnen ließ.

*

Über die nun folgenden Tage und Wochen nach dem Abschied von Ulrike sind wir Nachgeborenen aus Goethes Aufzeichnungen in groben Zügen unterrichtet und wissen zudem ziemlich genau Bescheid darüber, wie sich die ersten Strophen der Marienbader Elegie bildeten. Es ist nämlich 1980 der «Schreib-Calender» wieder aufgetaucht, der es erlaubt, die Anfänge des großen Gedichts sozusagen «im Entstehen aufzuhaschen», Goethe zufolge eine entscheidende Bedingung für das Begreifen von Poesie. Die Metamorphose des Lebensstoffs in Verse, indem aus Leid Lied wird, läßt Goethe gesunden, allerdings erst in einem schmerzlichen, ja lebensbedrohlichen Prozeß, um den es im Weiteren geht.

Karlsbad

Mit einem leichten Ruck setzte sich der Wagen in Bewegung. Goethe saß starr. Er blickte nicht zurück. Als die letzten Häuser von Karlsbad hinter ihnen lagen, ließ er halten. Stadelmann trat an den Schlag.

«Wo hat Er den Schreib-Calender hingetan? Er sollte doch hier drinnen bereit liegen.»

«Um Vergebung. Herr Geheimrat haben das Heft selbst in das Felleisen gepackt.»

«So hol Er es.»

Stadelmann machte sich am aufgeschnallten Gepäck zu schaffen. Mit einem dunkelbraunen, ledergebundenen, schlank-hohen kleinen Buch kletterte er wieder herunter und überreichte es Goethe.

«Danke, Stadelmann. Es kann weitergehen. Aber gemächlich, bitte ich mir aus. Ich will schreiben.»

«Sehr wohl, Herr Geheimrat.»

Die Pferde fielen in Schritt. Goethe wog das dünne Büchlein in der Hand. Er nahm den kurzen Bleistift aus der Lasche daran, zögerte dann aber, den Calender zu öffnen.

«Heute will ich die Abendbeichte vorziehen», murmelte er. «Das Gedicht arbeitet derweil in mir fort.» Er zog eine andere Kladde hervor und schrieb stockend, weil Gedanken und Kutsche holperten:

«Das alte Buch, ja alles Alte ist zu Asche verbrannt. Die Zukünfte, die ich entworfen, sind nur Vergangenheiten noch. Allein der poetische Lebensfaden glänzt mir weiter vor. Er soll nicht reißen, wenn irgend die Kraft reicht, diesen Abschied als Aufbruch zu nutzen wie den damaligen, genau ein halbes Leben zuvor. Fast auf den Tag vor 37 Jahren: auf gleicher Straße fort von der Liebe.»

Goethe legte das Tagebuch beiseite und griff zum Schreib-Calender des Vorjahres 1822, den er für Reisebemerkungen aufbewahrt hatte. In seinem Mittelteil standen bereits Notizen und Entwürfe der früheren Ulrike-Gedichte. Goethe blätterte das Büchlein von hinten auf, wo neben dem Kalendarium des Monats Dezember Raum für Eintragungen war, senkrecht hatte er damals bei gekipptem Heft in deutscher Schrift die Zeilen geschrieben:

«Was soll ich nun vom Wiedersehen hoffen
Das Paradies, die Hölle steht dir offen.
Kein Zweifeln hier! Sie tritt ans Himmels Thor
Und hebt zu ihren Armen dich empor.»

Das war noch in Marienbad entstanden, als Goethe den Plan gefaßt hatte, Ulrike nachzureisen. Er überlas die Verse mehrmals, versank in Gedanken. Nach kurzem Blick aus dem Fenster in die seltsam früh schon herbstliche Landschaft setzte er unter der letzten Zeile neu an, nun in lateinischer, vom Rütteln des Wagens krakeliger Kurrentschrift auf dem rechten Knie schreibend:

«Und hör ein Wort das schönste dich zu fassen
Du wirst mich finden wie du mich verlassen.»

Anders als die schon in Marienbad abgefaßten ersten vier Verse durchstrich er die Zeilen nicht schräg von unten nach oben. Er war also nicht zufrieden. Geglücktes nämlich hakte er sonst auf diese Weise für die Reinschrift ab. Er schüttelte den Kopf, blätterte und schrieb auf die Seite des November-Kalendariums die Abwandlung:

«welch hoher lohn
Wenn du sie findest wie du sie verlassen.»

Auch das blieb undurchstrichen. Und die nächsten Zeilen, auf der Novemberrückseite schroff neu beginnend, schienen ihm ebenfalls nicht so zu sprechen, wie gewünscht:

«Und wundert Sich dass nicht um ihretwillen
Die Sonne stille Steht.»

Mit der rechten Schreibung und der Zeichensetzung nahm er es wie üblich nicht so genau. Das war Riemers Aufgabe. Wenn denn aus den Anläufen je etwas würde, das er preisgeben konnte. Die Reminiszenz an das im Alten Testament erwähnte Wunder der angehaltenen Sonne gefiel ihm sehr, und doch verwarf er sie wieder. Es brauchte hohen Ton, was er zu sagen hatte, doch nicht überhöhtes Pathos. Goethe blätterte nochmals zurück, fand auf der Dezemberrückseite noch Platz und versuchte einen neuen Kontrapunkt zur gescheiterten Hoffnung der Eingangszeilen:

«Wo Tod und Leben grausam sich bekämpfen
Wohl gäbs ein Kraut des Körpers Quaal zu stillen
Allein dem fehlt an entschlossn Willen»

Das hakte er, obschon noch nicht durchgeformt, ab. Ja, daran ließ sich anschließen, denn der leichtere Duktus durch Wörter wie «gäbs» oder «Kraut» minderte das Schwergewicht der Aussage. Auf der Novembervorderseite und Oktoberrückseite fuhr Goethe fort:

«Fehlt s am Begriff wie er sie soll vermissen
Und wiederholt ihr Bild zutausend malen

Doch zauderts bald wird es weggerissen
Undeutlich bald und bald im reinsten Strahlen
Wie möchten sie zum Troste frommen
Die Ebb und Fluth ihr gehen und das Kommen»

Mit Tränen im Auge und doch aufatmend durchstrich Goethe auch dies. Er hatte die beiden letzten Passagen hastig vorwärtsdrängend hingeworfen, keinerlei Interpunktionszeichen mehr gesetzt, Buchstaben, ja ganze Wörter weggelassen. Etwa die Antithese zum heilbaren Körper: den «Geist», dem es am «entschlossenen Willen» fehlt. Auch ein zweites «bald» nach «zauderts bald» war rhythmisch bereits mitgedacht, aber nicht hingeschrieben.

In der Eile hatte Goethe nur mit einem kleinen waagerechten Strich unter den ersten drei Zeilen nach dem Reimwort «Willen» den entscheidenden Durchbruch in der Strophenform markiert. Er hatte die sechszeilige Stanze als die angemessene gefunden: vier Verse im Kreuzreim abab, zwei sänftigende Verse im Paarreim cc. Italien und der seinerzeitige rettende Aufbruch dorthin klangen Goethe darin nach. Im «grausamen» Kampf von «Tod und Leben» schien ihm nun der Sieger doch noch nicht festzustehen.

*

Das kräftige «Brrrr!» des Kutschers schreckte Goethe auf. Man hielt an der Poststation Zwodau am gleichnamigen Flüßchen, und da es auf ein Uhr zuging, stieg Goethe aus und begab sich in die Gaststube. Erhebliches Stimmengewirr empfing ihn. Der Wirt, von Stadelmann vorbereitet, begrüßte den neuen Gast mit der gebührenden Ehrerbietung:

«Welche Auszeichnung für mein einfaches Haus, Euer Exzellenz!» dienerte er und führte Goethe an einen etwas abseits stehenden Tisch.
«Macht Euch keine Umstände. Ein einfaches Mahl und, so Ihr habt, eine gute Bouteille Weißer genügen. Doch sagt, was tuscht diese Aufregung hier?» fragte Goethe.
«Haben Exzellenz noch nicht gehört? Die Stadt Hof ist gestern von einem verheerenden Brand heimgesucht worden. Die Wehren sollen der Flammen immer noch nicht gänzlich Herr sein. Der scharfe West schürt sie.»
«Was für ein furchtbarer Schlag», entgegnete Goethe. «Und er trifft ausgerechnet ein so schön erhaltenes Städtchen. Sind Menschen zu Schaden gekommen?»
«Wie durch ein Wunder nur zwei. Sie opferten sich für die anderen. Es handelt sich um das Türmerehepaar von Sankt Michaelis. Die beiden läuteten so lange die Feuerglocke, bis sie von den Flammen eingeschlossen waren und es kein Entrinnen mehr gab.»
«Ein schreckliches und doch ein gottseliges Ende.» Damit entließ Goethe den Wirt und winkte John heran:
«Bitte holt mir nach dem Essen Schreibutensilien und eine Mappe mit leeren Bogen. Ich habe etwas abzuschreiben.»
«Ist meine Hand nicht mehr gut genug, Herr Geheimrat?»
«Keine Sorge, John, ich halte große Stücke auf sie, das wißt Ihr. Nein, es handelt sich um etwas, das selbst für Eure Augen nicht gedacht ist. Noch nicht.»
«Um Vergebung, Herr Geheimrat.»
John entfernte sich. Das Essen kam. Goethe sprach ihm erstaunlich eifrig zu. Vom Wein aber nahm er nur ein Glas. Er brauchte einen klaren Kopf für die Verse, die ins Reine zu schreibenden wie die weiteren, die sich ihm in Gedan-

ken schon formten. Er zog den Schreib-Calender aus der Rocktasche und übertrug die durchstrichenen Teile des Gedichts strophenweise oder in Sinneinheiten einzeln auf die von John bereitgelegten Bogen. Er hatte es sichtlich eilig und nahm nur einige wenige Änderungen vor. Gegen zwei Uhr ließ er den Wagen vorfahren. John beglich die Rechnung. Der Wirt begleitete Goethe unter Verbeugungen hinaus:

«Hat der Wein Euer Exzellenz nicht gemundet?» erkundigte er sich besorgt.

«Seid ganz beruhigt, guter Mann. Ein vortrefflicher Tropfen. Zu vortrefflich fast. Um ein Haar wäre ich der Versuchung erlegen. Nein, ich habe noch Geschäfte. Da schadet zuweilen die Weinseligkeit. Lebt wohl!»

*

Weiter ging es, nun fast ständig leicht bergan und damit von selbst recht langsam Richtung Falkenau. Goethe hatte sich wieder den Schreib-Calender vorgenommen und blätterte ihn nun vorn auf, da der Mittelteil schon mit früheren Eintragungen gefüllt war. Jetzt, da er die Form gefunden hatte, flossen ihm die Verse ungehemmter zu und hielten meist auch der Überprüfung stand. Auf die Titelrückseite des Calenders schrieb er:

«Wie schlanck und zierlich, fein und zart gewoben
Schwebt Seraph gleich aus ernster Wolcken Chor,
Als glich es Ihr am blauen Äther droben
Ein zart Gebild aus weißem Duft empor.»

Das beschließende Reimpaar paßte nicht mehr hin und kam daher neben das Januar-Kalendarium:

«So sahst du sie im frohen Tanze walten
Die lieblichste der lieblichsten Gestalten».

Die Inbrunst der Steigerung der höchsten Steigerungsstufe trieb Goethe erneut die Tränen ins Auge. Die Suche nach Trost führte den Stift auf der Januarvorderseite rasch weiter:

«Ist denn die Welt nicht übrig? Felsen Wände
Sind sie nicht mehr gekrönt von heilgen Schatten
Die Erndte reift sie nicht ein grün Gelände
Zieht sichs nicht hin am Fluss ...»

Hier mußte er aus Platzmangel sogar die Zeile brechen und schrieb unter Überschlagen eines Blattes auf der Februarrückseite fort:

«... durch Busch und Matten
Und wölbt sich nicht das unermeßlich grose
Gestaltet jetzt und bald gestaltenlose.»

Goethe blätterte zurück, durchstrich alle Verse zum Zeichen der Zufriedenheit. Dann bemerkte er, daß die halbe Januarrückseite noch frei geblieben war, und setzte dort fort:

«Doch schon verschwindets. Solch ein Bild zu halten
Wie»

Er stockte, tilgte energisch alles nach «Doch» und schrieb darüber:

«... nur Momente kannst du frevelnd dencken»

Wieder strich er die drei letzten Wörter, dann erst hatte er die gewünschte Reimanbindung mit:

«Doch nur Momente kannst dich unterwinden
Ein Luftgebild statt ihrer fest zu halten
In s herz zurück. Dort wirst du s besser finden
Dort regt sie sich in wechselnden gestalten».

Das Blatt war voll. Goethe überblätterte wieder das nächste und schrieb den Schluß dieser Strophe wie den der vorigen auf die Februarrückseite:

«Da bildet eins in's andre sich hinüber
So tausendfach und immer immer lieber.»

Hier trat eine längere Pause ein. Goethe schob die Gardine beiseite und ließ die Landschaft auf sich wirken. Die Natur war seit eh und je seine Muse. In sie sah er hinein, was ihn innerlich erfüllte. Das unaufhaltsame Vorüberziehen der Bilder draußen empfand er wie ein endlos wiederholtes «Nein!» auf die Frage nach der Haltbarkeit der «Luftgebilde», welche die Phantasie uns vorgaukelt. Er griff wieder nach dem Calender, entdeckte die überblätterte Vorderseite des Februars und schrieb den unerfüllbaren Wunsch nach Dauer neben das Kalendarium. Ein reimloses Verspaar, vielleicht ein Baustein für eine noch kommende Strophe:

«O könnt ich wie vom Stein die Bilder drucken
Welch eine liebe Sammlung würd es geben»

Zu unfertig schien ihm das allerdings. Er durchstrich die Zeilen nicht, schloß das Büchlein und sah hinaus.

*

Weit konnte es nicht mehr sein, denn die Sonne stand bereits tief über den Fichtenwäldern auf den westlichen Bergen. Da, nach der nächsten Biegung der Straße, sah er es auch schon: Das Schloß Hartenberg des Grafen Auersperg. Es erhob sich mit zahlreichen Nebengebäuden auf einem Felssporn zwischen zwei Tälern und sah auf ein drittes Tal, das tiefste, hinab, in dem die Zwodau glitzerte. Auf gewundenem Fahrweg erreichte Goethes Wagen über eine Landverbindung den rückwärtigen Schloßhof, wo der Graf, ein schöner, wohlgestalteter Mann, etwa in den Fünfzigern, dem Ankömmling freudig die Freitreppe hinab entgegeneilte.

Goethe stieg aus. Man tauschte die üblichen Artigkeiten, jedoch in unüblich herzlicher Weise. Goethe hatte zum Hausherrn eine freundliche Zuneigung gefaßt, seit er vor zwei Jahren erstmals dessen dringlicher Einladung gefolgt war und einen klugen und vielseitig gebildeten Gesprächspartner in ihm gefunden hatte. Damals hatten die Bewohner der Herrschaft Hartenberg Goethe zum 72. Geburtstag mit einem herrlichen Feuerwerk überrascht. Die darin zum Ausdruck gebrachte Verehrung für ihn, selbst unter den einfachen Leuten, hatte ihn tief gerührt. Und so fühlte er sich ein bißchen wie bei einer Heimkehr, als er nun neben dem Grafen zum Portal hinaufstieg.

Wie in den beiden letzten Jahren fand er sein behaglich eingerichtetes Zimmer mit Blumen geschmückt. John und Stadelmann teilten sich ein einfacheres auf demselben Flur. Zum Abendessen umgekleidet, erschien Goethe kurz nach neunzehn Uhr im Salon, wo Graf Auersperg an der geöffneten Flügeltür zum Altan stand.

«Kommen Sie, mein Freund», forderte er den eintretenden Dichter auf. «Werfen Sie einen Scheideblick in den verlöschenden Tag. Im Dorf erglühen bereits die ersten Lichter.»

Goethe trat zu ihm und ließ seine Augen über das fesselnde Schauspiel der heraufkriechenden Dämmerung schweifen. Tief atmete er die Abendluft und schaute auf zum noch hellen Himmel:

«So schön man sich ein Bild im Herzen bewahrt, Graf, so sehr wird es von der Wirklichkeit übertroffen.»
Er hielt inne, bewegt von der Erinnerung an den Kampf um das Bild der Geliebten im Gedicht. Der Schloßherr nahm die Bewegung natürlich als Überwältigung durch die herrliche Aussicht.
«Das macht das ständig wechselnde Kleid, das die Natur der Szene gibt. Mit einem Bild ist dieser Wandel nicht zu bannen. Allenfalls durch den Dichter», fügte er mit vielsagendem Blick auf seinen Gast an.
Goethe lächelte. «Sie schmeicheln, Graf. Der Natur gegenüber sind alle Künstler, auch die des Wortes, Stümper», sagte er und verspürte wieder diesen Schmerz, der ihm beim Schreiben in der Kutsche ständiger Begleiter gewesen war. Ein Diener bat zu Tisch. Es versammelten sich außer den beiden Freunden der kurz vor Goethe aus Wien eingetroffene Sohn des Grafen, Joachim Joseph, ein Endzwanziger und bereits im Staatsdienst tätiger Jurist, die Tante Dorothea, die seit dem Tod der Gräfin dem Haushalt vorstand, und ein zu Besuch weilender Vetter namens Anton Alexander aus einer anderen Linie der Auerspergs, die in Slowenien beheimatet war. Das lebhafte, vornehmlich von Goethe und dem Hausherrn bestrittene Gespräch drehte sich um Fragen der Versorgung der zur Herrschaft gehörenden etwa 5000 Menschen mit Arbeit und Brot, wandte sich dann der Bewirtschaftung des eigentlichen Gutes zu und wollte schließlich in geologisch-mineralogische Erörterungen münden, als der Graf bat:
«Lassen Sie uns das Thema aufheben, Exzellenz, bis zur Besichtigung meiner Mineraliensammlung. Sicher sind alle begierig, von Ihnen zu hören, wie Sie Marienbad und Karls-

bad in diesem Jahr gefunden und mit welchen Plänen Sie sich tragen.»
In diesem freundlichen Kreis war Goethe gern bereit, Auskunft zu geben, obwohl er dabei an Wunden rühren mußte. Darüber aber ließe sich hinwegplaudern, hoffte er und hob an:
«Bei Ihrer ländlichen Tätigkeit hier käme Ihnen der Kurbetrieb gewiß als eitles Getändel vor: eine Soirée hier, eine Redoute da, Durchlaucht hier, Exzellenz dort. Und wohin man kommt, am Brunnen oder beim Ball: Klatsch über Nichtigkeiten. So war es stets, und doch: Die neue Umgebung, der eigene Stand unter so vielen anderen, die Muße auch zu ernstem Gespräch – das alles belebt das eingegrübelte Ich», sagte er, und da er wie alle Liebenden den Gegenstand seiner Neigung nicht ganz für sich zu behalten vermochte, setzte er hinzu: «Vielleicht urteile ich zu hart über den Klatsch, weil ich heuer zeitweilig selbst eines seiner Lieblingsopfer habe geben müssen.»
«Das nimmt nicht wunder», warf der Graf ein. «Eine Hoheit des Geistes mag wohl auch unter den hohen Herrschaften das Mundwerk in Gang setzen.»
Goethe hörte heraus, daß manches über Ulrike und ihn scheint's bis hierher gedrungen war. Dosierte Offenheit schien ihm das geeignete Mittel:
«Zu viel der Ehre für die hohen Herrschaften, wie Sie sie nennen, Graf», nahm er den Faden wieder auf. «Thema Nummer eins sind stets Liebeleien oder was man dafür ausgibt. Finden sich keine geeigneten, werden sie halt herbeigeredet. Und den besten Stoff geben natürlich solche ab, denen sich ein Ruch des Skandalösen abgewinnen läßt. Solchen scheine ich damit geliefert zu haben, daß ich der

Familie von Levetzow meine besondere Aufmerksamkeit schenkte. Nicht genug, daß man mir sogleich ein mehr als freundschaftliches Interesse an der schönen verwitweten Mutter andichtete. Ich kam schließlich sogar mit den lieblichen Töchtern ins Gerede. Und es war des Tuschelns kein Ende über den alten Mann und das Gör», schloß er bitter.
Keiner wußte so recht etwas zu erwidern, und so brach Goethe rasch das Schweigen, ehe es sich zu Betretenheit ausweiten konnte:
«Fragen wir doch die jungen Leute, ob eine Beziehung, so sagt man heute wohl, zwischen einem Siebziger und einer um fünfzig Jahre Jüngeren eo ipso als Mesalliance anzusehen ist.»
Der junge Graf fühlte sich angesprochen, da der Vetter mit seinen siebzehn Jahren denn wohl doch mit dem Thema überfordert war:
«Exzellenz haben ganz recht: Wie so vieles ist auch dies eine Frage der Perspektive. Es dürften, denke ich, weniger die Jungen gewesen sein, die den Gerüchten Nahrung gegeben haben.»
«Du meinst», unterbrach ihn der Vater, «daß eher Neider und welkende Stiefkinder des Glücks das Reine gern hämend herabziehen?»
«Ja, Herr Vater, nur hätte ich es nie so vollendet auszudrücken verstanden.»
«Ein Gast wie Herr von Goethe inspiriert eben», lachte der Graf und wandte sich wieder diesem zu. «Der Tribut an die Schönheit, da stimme ich Joachim zu, kann nicht Privileg oder gar Monopol der Jugend sein.»
Hier meldete sich die Tante zu Wort mit dem Vorschlag, daß es vielleicht aufschlußreich sei, sich einen umgekehrten

Fall zu denken: eine alte Frau liebt einen schönen Jüngling. «Es ist Ihnen nicht zu verdenken, Verehrteste, daß Sie auf die Disproportion in der Behandlung der Geschlechter durch die Gesellschaft verweisen», räumte Goethe ein. «Doch ist hier eher die Natur zu schelten. Sie ist es ja, die dem Manne den werbenden Part zuteilt. Und sie stürzt ihn damit», ergänzte er mit bebender Stimme, «in den unentrinnbaren Abgrund der Sehnsucht.»

Goethe stand auf und trat ans Fenster. Der bestirnte Himmel verschwamm vor seinen Augen. Überplaudern hatte er es wollen, was er so scheinbar souverän ein «öffentliches Geheimnis» genannt hatte. Was konnte daran denn «öffentlich» sein? Törichte Greisenliebe. Wer sah schon, wie es wirklich um ihn stand?

Der Graf hatte sich ebenfalls erhoben und war neben ihn getreten. «Verzeihen Sie uns, lieber Freund», sagte er, Goethe am Arm fassend, als wolle er ihn stützen. «Es war wenig taktvoll, daß wir das Gespräch eine offenbar für Sie so schmerzliche Richtung haben nehmen lassen.»

«Ich habe mich überschätzt», murmelte Goethe entschuldigend. «Unter der Asche ist noch Glut. Das Schwere am Alter, mein Freund», fuhr er schon wieder etwas gefaßter fort, «ist nicht, daß man alt ist, sondern daß man jung ist.»

«Ich glaube zu verstehen», entgegnete der Hausherr. «Wer im Buch ‹Suleika› Ihres ‹Divan› liest und nicht den Vorzug genießt, Sie zu kennen, wird einen jugendlich-glühenden Verfasser hinter so mancher Strophe vermuten.»

«Oder eine Frau.» Goethe lächelte nun wieder, doch er erklärte den rätselvollen Einwurf nicht, obschon vor allem die Tante sich danach erkundigte. Man möge ihn bitte entschuldigen; er müsse sich nun zurückziehen. Die lange Reise …

Goethe schritt durch die Halle und war gerade im Begriff, die Treppe zu seinem Zimmer hinaufzusteigen, als ihn Graf Anton Alexander, der ihm gefolgt war, schüchtern ansprach. Ob er Herrn von Goethe etwas zeigen dürfe:

«Seit ich Ihren ‹Werther› gelesen, bin ich ein anderer», sagte der kaum dem Knabenalter entwachsene junge Mann. Er habe einige Gedichte verfaßt und wolle Herrn von Goethe herzlich bitten, einen Blick darauf zu werfen. So verdrießlich Goethe solche Expertisen stets waren, dem Neffen des Freundes konnte er sich nicht gut verweigern. Er nahm ein dünnes Heftchen in Empfang und versprach, dem Autor am morgigen Abend etwas Gehöriges darüber zu sagen.

«Der Abend bietet den besten Hintergrund für poetische Erörterungen», sagte er, wünschte gesegnete Nachtruhe und ging hinauf. Dort klopfte er John heraus und bat ihn noch zum Tagebuch-Diktat:

«Freitag 5. September. Abgefahren nach 9 Uhr. Bei kaltem Westwinde heiteres Wetter, viel aufgeregter Staub. Gegen 1 Uhr in Zwodau. Erste Nachricht vom Unglück in Hof. Abschrift eines Gedichtes. Nach 6 Uhr in Hartenberg. Vielfache Unterhaltung mit dem Grafen, besonders über seine Öconomie. Abends mit der Familie. Der Sohn war angekommen.»

Goethe überlegte einen Moment, ob er eine Andeutung über das abschließende Gespräch einfügen sollte. Er entschloß sich dann aber, darauf zu verzichten.

«Das ist alles. Gute Nacht, John.»

«Gute Nacht, Herr Geheimrat.»

*

Goethe erwachte früh. Nur ein schwacher östlicher Morgenschimmer gab hier oben schon ein wenig Licht, während im Tale noch die Nacht lag. Ob ihn die Kurgewohnheit des zeitigen Brunnengangs bereits vor sechs geweckt hatte? Hatten Pläne ihn in den Tag gerufen, oder hatten ihn Träume aus dem Schlaf vertrieben? Doch wohl Ersteres, denn er fühlte sich frisch, verweilte aber noch einen Augenblick im Bett, weil Verse von gestern sogleich aufschwammen: «Da bildet eins in's andre sich hinüber ...» Hier war der Schlüssel zur Wandlung, die ihm aufgegeben war. Doch warum so neutral? dachte er. Sag's ruhig deutlicher, es geht doch um Sie und das, was Sie verkörpert: «Zu vielen bildet Eine sich hinüber», murmelte er und stand nun rasch auf. Das wollte er festhalten und bei der Gelegenheit gleich noch einmal andere Zeilen durchgehen. Die Toilette konnte warten, der Hausmantel reichte. Stadelmann war sicher ganz dankbar, wenn er nicht gar so zeitig aus den Federn mußte. An Reisetagen war das ja sonst nicht zu vermeiden; heute aber würde man noch auf Hartenberg bleiben.

Auf dem Tisch lag das Doppelblatt der Abschrift aus dem Wirtshaus, an der Goethe nach dem John-Diktat abends noch weniges geändert hatte. Schmerz hatte ihn schließlich den Stift weglegen lassen. Jetzt aber ging es ihm seltsam mit den Versen. Sie schoben sich gleichsam zwischen ihn und Ulrike, der sie galten. Ja, er ertappte sich bei dem Gedanken, daß die Beschwörung ihres Bildes ihm fast lieber werden wollte als das zu Beschwörende. Jedenfalls drängte es ihn sogleich zur Arbeit daran.

Er nahm das gefaltete Blatt auf und begann zu lesen, was

er ohnedies auswendig wußte. Auswendig? «Par coeur» trifft es besser, dachte er, die erste Strophe im Blick. Sie war noch immer vierzeilig und nicht der Stanzenform angepaßt. Sie sollte ja ein Vorher bannen, während alles Weitere schon den endgültigen Verlust kannte.

Ändern mochte Goethe das nicht, aber klarer machen. Die nagenden Zweifel, das hilflose Hoffen und das ängstliche Zaudern der Tage vor dem Entschluß, Ulrike nachzureisen, kamen im bloßen Paarreim zu kurz; das Vierzeilertempo erschien unangemessen hastig. Goethe radierte die Strophe aus und überschrieb die Stelle.

«Was soll ich nun vom Wiedersehen hoffen?
Von dieses Tages noch geschlossner Blüte.
Das Paradies, die Hölle steht dir offen,
Wie wankelsinnig regt sich's im Gemüthe! –
Kein Zweifeln mehr! Sie tritt ans Himmelsthor.
Zu ihren Armen hebt sie dich empor.»

Die Form der Stanze leistete das Gewünschte, brachte ein retardierendes Moment, ein Tasten in den Zeilenfall, paßte aber zugleich die Strophe den anderen an. Das verwischte wiederum die Zäsur. Goethe setzte daher wie schon im Schreib-Calender einen Strich unter die letzte Zeile zum Zeichen des folgenden Neuansatzes, dieses Mal aber der Optik halber einen hübsch geschweiften.

Noch zweierlei hatte er geändert: «Kein Zweifeln mehr!» hieß es nun statt «Kein Zweifeln hier!» Fruchtloses Grübeln würde damit noch energischer und grundsätzlich verworfen, das Wagnis betont. Die bisherige Schlußzeile «Und hebt zu ihren Armen dich empor» bekam neue rhythmische Dynamik und durch die Umstellung einen anderen Akzent: «Zu ihren Armen ...» Das sinnliche Element sollte trotz der

«himmlischen» Entrückung der Geliebten keinesfalls verdeckt werden. Der Vers machte die Bewegung der Sehnsuchtsgeste mit.
Längst war das rötliche Frühlicht dem hellen Morgen gewichen. Goethe erhob sich mit fast jugendlichem Schwung und rief Stadelmann, der schon auf dem Flur wartete: «Guten Morgen. Den Ausflugsanzug bitte. Und besorg Er ein wenig warmes Wasser für die Rasur.»
«Steht bereit, Herr Geheimrat.»

*

Die Dame des Hauses hatte den Frühstückstisch auf der Terrasse decken lassen. Dort war es windgeschützt, und der Platz lag im vollen Licht der Vormittagssonne. Nichts hätte Goethe lieber sein können. Die Monate, in denen solche Mahlzeiten im Freien nicht mehr möglich sein würden, standen ja unmittelbar bevor. Vielleicht war dies sogar die letzte Gelegenheit dafür. Der Graf war zwar schon ausgeritten, doch er hatte versprochen, bald zurückzukehren und Herrn von Goethe zu einer Spazierfahrt abzuholen.
Für Ansprache sorgte unterdessen die Tante, die einschenkte und hin und wider ging, sich an den Blumenkästen zu schaffen machte und ihren Gast zu tüchtigem Zulangen ermunterte. Sie selbst habe schon gefrühstückt und bitte um Verständnis, wenn sie ihm nur sozusagen ambulant Gesellschaft leiste und unterdessen das eine oder andere ordne.
Goethe ließ sich nicht lange bitten und frühstückte mit gutem Appetit. Sonne und frische Luft regten ihn ebenso an wie eine Speise, die offenbar eigens für ihn in Erinnerung

an seine vorjährigen Vorlieben bereitet worden war: warmer, goldgelber Carlsbader Strudl.

«Wie aufmerksam, gnädige Frau!» freute sich Goethe. «Daß Sie das noch wissen! Ich komme mir beinahe vor, als sei ich noch immer auf Kur.»

«Pardon, Exzellenz. Das Lob gebührt dem jungen Herrn. Er hat mich gestern noch an Ihre Leibspeise erinnert. Ich hatte ja im Vorjahr nicht die Ehre, Sie zu begrüßen.»

«Ja, richtig, bitte um Nachsicht. Aber es schmeckt wie damals und weit besser noch als vom Konditor in der Heimatstadt des Strudls. Die Scheiben sind lockerer und haben mehr Würze. Ob das an den feiner geriebenen Mandeln liegt, oder ist's die edle Butter?»

«Wir backen hier immer nach dem Rezept der seligen Gräfin», erwiderte die Tante. «Sie war berühmt für ihren Carlsbader. Ich denke, das Hauptgeheimnis liegt im langen Ziehenlassen von Teig und Füllung im angewärmten Trog und an einer Prise mehr Vanillezucker als sonst üblich. An Butter freilich darf ebensowenig gegeizt werden.»

«Ich weiß, Verehrteste, die Damen geben ihre Küchen-Arkana nicht gern preis. Ob für mich da eine Ausnahme gemacht werden kann? Ich möchte die Mischung so gern meiner Schwiegertochter nennen und verspreche, wir werden die schmackhaften Rollen als ‹Strudl à la Hartenberg› in Weimar einführen.»

«Selbstverständlich. Es wird mir eine Ehre sein, die Zutaten und die noch wichtigeren Ratschläge für die Zubereitung für Euer Exzellenz abschreiben zu lassen.»

«Machen Sie sich bitte keine Umstände. Ich werde Ihnen nachher John schicken, der eine Kopie nehmen kann. Seien Sie sehr bedankt.»

Die Tante verschwand im Haus, um das Rezeptbuch für John bereitzulegen. Goethe genoß die Aussicht und die leuchtend roten Akzente der Geranien auf der Balustrade. An ihren Blumen sollt ihr sie erkennen, dachte er. Er verstand sich aufs Gärtnern, das er so liebte, auch wenn selbst sorgsamste Pflege nicht immer den gewünschten Erfolg hatte. Doch ob sich jemand Mühe gab und mit seinen Pflanzen gut Freund war, das ließ sich stets erkennen. Hier gedieh alles unter einer augenscheinlich sehr behutsamen Hand.

Vom Hof her war nun Hufschlag zu vernehmen. Kurze Zurufe flogen hin und her. Dann trat der Graf auf die Terrasse und erkundigte sich nach dem Wohlergehen seines Gastes, der sich zur Begrüßung erhoben hatte.

«Behalten Sie doch bitte Platz, mein Freund», sagte der Graf und nahm sich einen Stuhl. «Sie sehen gekräftigt aus. Ja, unsere Luft kann dem Brunnen in Karlsbad durchaus, verzeihen Sie das kühne Bild, das Wasser reichen.»

«Kühn und doch höchst treffend», lachte Goethe. «Inzwischen aber bin ich fast im Zweifel, ob es die Luft oder doch eher der vortreffliche Strudl ist, der mein Morgenwohlbefinden so köstlich abrundet. Ich habe Ihrem Haushaltungsvorstand bereits das Rezept dafür abgeschwatzt.»

«O, darauf dürfen Sie stolz sein. Dorothea macht gewöhnlich keine solchen Konzessionen, sie wacht eifersüchtig über unsere Spezialitäten. Vielleicht hofft sie, Sie mit dem Entgegenkommen für eine Fortsetzung unseres Abendgesprächs zu gewinnen. Doch davon nun nichts», fügte Graf Auersperg eilig hinzu, als er Goethes Stirn sich leicht umwölken sah. «Kommen Sie. Wir wollen der Glasfabrik einen Besuch machen. Ich habe dort einiges zu veranlassen.»

*

Der Landauer stand bereit. Die Freunde stiegen ein, und in flottem Trab ging es den nur streckenweise gepflasterten Weg Richtung Gossengrün hinunter. An der Kirche machte man wie in den letzten Jahren halt, weil Goethe sich erneut den Akanthusaltar ansehen wollte. Er gab zwar nicht viel auf die Versicherung des Küsters, die Andachtsbilder seien von Schülern Raffaels geschaffen. Doch gab er zu, daß es darum auch nicht gehe, wenn nur dem Stil nach des Meisters Handschrift getroffen sei. Und das sei unübersehbar der Fall, was ihn freue, da Geglücktes keine Frage der tatsächlichen Abkunft sein könne. Den Seitenaltären aus jüngerer Zeit konnte Goethe hingegen weniger abgewinnen.
«Vielleicht werden Spätere auch darüber freundlicher urteilen», sagte er wie beschwichtigend zu seinem Begleiter. «Es ist dafür einiger Abstand vonnöten, räumlicher zum Betrachten und zeitlicher zum Bewerten.»
«Und jeder bringt wohl eigene Färbung hinein», versetzte der Graf.
«Das ist unvermeidlich, mein Lieber. Und mir – höre ich da eine kleine Rüge heraus? – unterstellen Sie sicher nicht zu Unrecht eine italienische oder klassische.»
«Behüte!» wehrte Graf Auersperg ab. «Eher geht es mir um die geistige oder genauer: künstlerische Verwandtschaft, die dem Urteil den Weg weist. Sagen Sie nicht selbst, daß nur von Gleichem Gleiches erkannt wird?»
«Schau an!», sagte Goethe überrascht. «Auch meine schwierigeren, manche sagen: ärgerlichen Produktionen sind Ihnen nicht fremd. Was hat Sie denn zur Farbenlehre greifen lassen?»

«Nun, man interessiert sich wohl dafür, was denn der Poet in der Wissenschaft wirken kann und freut sich über den Gewinn für beide. Und natürlich am eigenen Profit. Wir sind ja auf dem Weg zur praktischen Anwendung Ihrer Ergebnisse, die ich, mit Verlaub, vornehmlich psychologisch verstehe und mir für unsere farbigen Gläser nutzbar gemacht habe. Ich hoffe, ich kann Ihnen etwas Passendes dazu zeigen.»

Nach kurzer Strecke waren die Werksgebäude erreicht. Schon von draußen ließ sich die innere Geschäftigkeit ahnen, denn intensive Geräusche wie Bersten, Zischen und Klopfen drangen durch Fenster und Türen.

«Sie hören's», sagte Goethes Führer. «Da drinnen fällt die Verständigung schwer. Ist es Ihnen recht, so gebe ich Ihnen einige skizzenhafte Hinweise vorher an die Hand: Wir passieren zunächst den Raum mit den stark erhitzten Häfen, die mit den Rohmaterialien, also vor allem Kali, Soda und Quarz, beschickt werden. Wenn die Leute gerade beim Heißschüren sind, machen Sie sich auf einen buchstäblich warmen Empfang gefaßt. Es folgt die Halle zur Herstellung von Tafelglas für Fensterscheiben, auch eine recht hitzige und geräuschvolle Angelegenheit. Schließlich wechseln wir in den Raum mit einigen Abkühlöfen.»

«Öfen zum Abkühlen?» fragte Goethe.

«Ganz richtig. Je nach Qualitätsanforderung müssen wir über mehrere Tage die Temperatur der Ware senken, denn es gilt die Faustregel: Ein und dieselbe Glasmasse wird um so spröder, je schneller sie abkühlt. Das läßt sich wunderbar studieren, wenn Flüssigglas in kaltes Wasser tropft. Es bilden sich sogleich in langer Spitze auslaufende sogenannte Glastränen von großer Härte. Brechen Sie aber die

dünne Spitze ab, zerfallen sie zu Staub. – Doch was ist Ihnen?»
Goethe hatte sich bei den letzten Worten abgewandt, faßte sich jedoch so gut es ging wieder und sagte mit unbestimmtem Blick ins Weite:
«Es berührt die gleichsam physikalische Poesie in der Vokabel vom geweinten Glas.» Sachlicher und doch noch immer bewegt setzte er hinzu: «Man hat mir das Phänomen so erklärt, daß bei der schnellen Abkühlung infolge der frühen Erstarrung der Oberfläche das noch nicht erstarrte Innere eine Spannung seiner kleinsten Teile erleidet und daß sie deswegen bei Verletzung der Hülle und nur geringer Erschütterung ihren Zusammenhang verlieren.»
«So ist es, und daher bedarf es in den meisten Fällen einer fast unmerklichen Kühlung in stufenlos verlöschenden Öfen. Am meisten aber wird Sie unsere fertige Ware interessieren, die wir uns im Lager anschauen wollen. Auf denn! Hinein ins Inferno, das so Schönes hervorbringt.»
Der Unternehmer ging durch eine Art Windfang und dann durch eine Schleuse voran in einen großen Raum mit mehreren der von ihm so bezeichneten Häfen. Wie Gluthauch wehte es den Besuchern entgegen. Die Männer an den Feuerklappen sahen nur kurz auf und grüßten die Herren ehrerbietig, unterbrachen aber ihre Arbeit keinen Moment.
Im anschließenden Raum bliesen immer je drei Arbeiter große zähflüssige Glaswalzen von drei Fuß Durchmesser. Ein fesselndes, ja beängstigendes Schauspiel, denn dies geschah auf engem Raum unter erheblichem Schwingen. Man sah dem Grafen den Stolz an, mit dem er den sicheren Takt seiner Männer beobachtete und ihr Geschick beim

Eröffnen der so entstandenen Zylinder und bei ihrer Aufsprengung für den Streckofen.
Nach zwei weiteren Stationen erreichten Goethe und der gräfliche Fabrikant das Lager. In langen Regalen paradierten Vasen und Kelche, Becher und Flaschen in jeder Form und Farbe.
«Schauen Sie diese große Obstschale», setzte der Graf an. «Der feine Schliff macht funkeln und mithin lebendig, was in ihr liegt. Das wollte ich ganz in Ihrem Sinn durch Farbe unterstützen und wählte einen gelben Grundton mit Einmischung von Rotem. Eine schwierige Balance, denn steigere ich die rötliche Verdichtung nur minimal, schlägt das gewünschte Rotgelb in rohes Gelbrot um. Unser Beispiel liegt irgendwo dazwischen. Ich überlege noch, ob ich es nicht ausmustere.»
«Das wäre denn doch voreilig», erwiderte Goethe, der den Frageton herausgehört hatte. «Kommen Sie, treten wir mit der Schale ins Freie. Sie werden sehen, daß die entoptische Farbe, also die Farbe, die der Gegenstand dem Licht entgegenbringt, zu erstaunlichen Effekten anregt.»
Vor der Tür loderte der rötlich-gelbe Ton der Schale wie ein Feuerwerk im Sonnenlicht auf, das an den Schleifkanten die lebhaftesten Farbspiele inszenierte.
«Das ist», sagte Goethe, «eine extreme Lichtexposition nach dem Dämmer des Lagers. Sie zeigt aber, daß die Färbung von allen Lichtern abhängt, die ihr begegnen, also auch von den in die Schale gelegten Gegenständen, die ihre Eigenfarbe dem Glase mitteilen, außerdem von der Tageszeit und vom Ort der Aufstellung. Nehmen Sie frisches grünes Obst, und Sie erleben eine Dämpfung des Roten, so wie das Grün der Früchte als Antwort durch das Gelb erwärmt

und heller wird. Rotes hingegen, etwa Beeren oder dunkle Trauben, werden die unerwünschte Verdichtung steigern.»
Sie waren wieder in den Lagerraum an die Regale zurückgekehrt, und der Graf wählte nun ein farbloses Kristallglas in Form eines wundervoll ziselierten Weinbechers mit Goldrand und leichter unterer Bauchung unter einem Trennring zum Oberteil.
«Farbloses Glas», führte er aus, «stellen wir vornehmlich im niedrigen Preisbereich her, aber auch im obersten, wie dieses Stück zeigt. Hier haben wir reichlich Bleioxyd beigegeben, was die Schleif- und Ätzbarkeit erhöht und schöne Brechungswirkungen erzielt. Sie treten gewissermaßen an die Stelle der Farbe, so daß die Fähigkeit zu einer Frage der Perspektive, des Inhalts und der momentanen Befindlichkeit des Weingenießers wird. Ich nenne es gern ‹subjektives Glas›.»
Goethe nahm dem Freund den Becher aus der Hand, als wolle er ihn näher in Augenschein nehmen und gegen das Licht prüfen. Im Grunde aber ging es ihm nur darum, eine plötzliche Beklemmung zu bewältigen. Das Glas nämlich schien ein Zwilling seines Geschenks vom Tag des «öffentlichen Geheimnisses» zu sein, nur die eingravierten Namen der Levetzow-Mädchen fehlten. Er reichte dem Grafen den Becher zurück und sagte scheinbar leichthin:
«Nun weiß ich, wo meine lieben Freundinnen eingekauft haben. Zum Geburtstag erhielt ich ein solch schönes Stück. Machen Sie denn auch Gravierungen auf Bestellung?»
«O ja. Wahre Gravurkünstler sind bei uns am Werk. Wir liefern solche Gläser bis Paris und Warschau. Nicht nur wir, die gesamte böhmische Glasindustrie hat Freunde in vielen Ländern. Selbst die Venezianer schauen uns manches ab.

Sie würden mich glücklich machen, nähmen Sie den Becher ebenfalls als Geschenk an, als eines zum gefälligen Gebrauch, dieweil das gravierte Gegenstück als Zier dienen mag.»
«Sie beschämen mich, Graf. Ein in solchem Zusammenhang Angebotenes vermag ich nicht abzulehnen. Es wird stets lieb-erwünschte Erinnerungen heraufrufen.»

*

Auf dem Rückweg ging es wegen der ständig leichten, zuweilen auch stärkeren Steigung gemäßigter dahin. Graf Auersperg nahm Gelegenheit, seinem Gast die Nutzung von Wäldern und Feldern zu erläutern. Seit sieben Jahren erst bewirtschafte er das Gut, und doch sei schon allerlei geglückt, das den Wohlstand der ihm anvertrauten Menschen sichtlich gehoben habe. Das Gelände komme dem nicht überall entgegen, aber mit Zähigkeit und Einsatz technischer Mittel habe man auch Terrassenanbau entwickeln können, vornehmlich für Wein in den Südlagen, anderswo eher für Schalen- und Kernobst. Sein ganzer Stolz aber sei die Manufaktur oder Schule, wie sie der Graf benannte, für Brüsseler Spitzen, die vor einem Jahr den Betrieb aufgenommen habe. Noch plage man sich dort zuweilen mit Anfangsschwierigkeiten, wie Herr von Goethe an den vorjährigen Proben gesehen habe. Doch im kommenden Jahr werde er Seine Exzellenz sicher durch eine prosperierende Schule führen und Goethe Entzückendes für die Weimarer Damenwelt mitgeben können.
Nach der Heimkehr blieb nur noch Zeit zum Umkleiden für das Mittagsmahl, zu dem sich auch zwei befreundete Berg-

meister aus benachbarten Orten einfanden. Goethe und seinem Gastgeber war die Gesellschaft dieser energisch tätigen Männer angenehm, die mehr als Theoretisches über die Geognosie der Gegend beizutragen hatten und zudem durch manche Anekdote zu unterhalten wußten. Fundiert war auch ihr Urteil über einige Stücke aus dem gräflichen Mineralienkabinett, die der Hausherr herbeischaffen ließ. Die Runde wurde noch bereichert, als sich nach Tisch der Goethe schon länger bekannte, ja befreundete Polizeirat Grüner aus Eger zu ihnen gesellte, auch er ein eifriger Sammler von Gestein. Von seinen Schätzen hatte er einiges mitgebracht, das beim Kaffee eingehend betrachtet und angeregt besprochen wurde. Als besondere Verbeugung vor dem Gast des Grafen packte Grüner neue braunschwarze Varietäten des Nadeleisenerzes aus, das seit 1806 den wissenschaftlichen Namen Goethit trug. Grüner wußte, wie stolz der Dichter auf diese Auszeichnung war; sie galt Goethe mehr als mancher Orden, das Kreuz der französischen Ehrenlegion vielleicht ausgenommen, mit dem ihn Napoleon 1808 höchstselbst geehrt hatte.
Nach diesem schmeichelhaften Zwischenspiel kam Goethe jedoch wieder zur Sache und warf die Frage auf, wie es denn zu der ungewöhnlich dunklen Färbung der strahligen Aggregate gekommen sei; normalerweise treffe man das rhombische Mineral doch eher gelblich an. Grüner berichtete, daß er die Stücke am Kammerberg entdeckt habe, der ja auch sonst reich an pseudovulkanischen Spuren sei. Es stehe daher wohl zu vermuten, daß feuriger Einfluß beim Ablagern des Brauneisens stärker als sonst trübend auf die säuligen Kerne eingewirkt habe. Darüber konnte man sich verständigen und ging zufrieden auseinander.

Goethe zog sich allein auf den Altan zurück und machte sich Notizen für das Abenddiktat über die morgendliche Exkursion nach Gossengrün. Dann zog er die Kladde des Grafen Anton Alexander hervor, zögerte aber ein wenig, ehe er sie öffnete. Bei solch poetischen Proben drohten erfahrungsgemäß Enttäuschungen und Peinlichkeiten. Doch nach einigen Seiten hatte sich seine Miene aufgehellt. Gar so stümperhaft schienen die Sachen nicht zu sein.

*

Beim Abendessen setzten der Hausherr und sein Gast die mineralogischen Erörterungen fort, sehr zum Verdruß der Tante Dorothea, die vergeblich nach Anknüpfungspunkten an das gestrige Herzensthema suchte. Es schien geradezu so, als mache sich Goethe ein diebisches Vergnügen daraus, selbst kulinarische Bemerkungen zum Anlaß für wissenschaftliche Exkurse zu nehmen. Als beim Nachtisch die Rede auf die Zuckerdosis kam, entwand er sich süßen Assoziationen sogleich durch Betrachtungen zur Geometrie der Kristalle, von wo es zu seinem Lieblingsgegenstand, dem Granit, nicht gar weit war. Erst eine erstaunte Frage des Vetters unterbrach die weit ausholenden Darlegungen: Wie Herr von Goethe sich diese Subtilitäten denn um des Himmels willen alle merken könne. Sein Metier sei doch ein durchaus anderes, nicht eben weniger okkupierendes. Allein die Fülle der Namen!

Das war sehr geschickt gefragt, denn wenn Goethe irgend etwas noch interessanter war als die Geologie, dann alles Didaktische:

«Das ist gar nicht so schwer, mein junger Freund», antwortete er bereitwillig. «Jedenfalls nicht, wenn erst einmal ein Fundament gelegt ist. Es geht beim Lernen wie bei der Kristallisation, wenn ich daran noch einmal anschließen darf: Um einen Keim herum wächst der Kristall, baut ein Gerüst auf und füllt es mählich. So auch wächst Wissen, wobei mit größerem Gerüst zudem eine Beschleunigung eintritt. Neues verankert man daher tunlichst in Bekanntem, so daß es selbst zu Bekanntem heranwachsen und neuen Keim bilden kann.»

«Wie der Herr Onkel vielleicht aus der Glasfärbekunst für die Spitzenklöppelei lernen kann?»

«Nun ja», warf dieser ein, «da haben wir es denn doch mit kaum Verwandtem zu tun. Farbe, das kannst du gerade bei Herrn von Goethe nachlesen, geht stark nach dem Medium, also dem Trägerstoff. Während sie mit dem Licht aus dem Glase heraus spricht, spielt sie bei den ohnedies überwiegend weißen Spitzen nur obenhin ein Rolle. Und die Färbetechnik ist eine gänzlich andere.»

«Gewiß», versetzte Goethe, «doch vergessen wir darüber nicht den Untergrund. Er spricht, um in Ihrem Bild zu bleiben, durch die mehr oder minder luftigen Maschen der Spitzen hindurch ein gewichtiges Wort mit und begründet ähnliche sinnlich-sittliche Wirkungen.»

Graf Anton Alexander hörte aufmerksam zu, zögerte aber, sich erneut ins Gespräch der Herren zu mischen. Goethe bemerkte seine Befangenheit und ermunterte ihn, kein Blatt vor den Mund zu nehmen.

«Mein Beispiel war wohl etwas gesucht», entschuldigte sich der Vetter daraufhin. «Wie aber, Exzellenz», insistierte er, «finden Sie von der Poesie hinüber ins Erdinnere?»

«Aufgabe meiner Kunst ist es ja gerade herauszufinden oder doch eine Ahnung davon zu gewinnen, was die Welt im Innersten zusammenhält. Das dürfen Sie auch ganz konkret und stofflich verstehen, womit ich, bitte mir das nachsehen zu wollen, wieder bei meinem Granit bin, dem Urgestein schlechthin, und damit ein schönes Beispiel habe für eine quasi poetische Brücke. Die Zusammensetzung dieses Gesteins habe ich mir stets so gemerkt: ‹Feldspat, Quarz und Glimmer, die vergeß ich nimmer!› Nur eine Eselsbrücke, zugestanden, aber doch eine Brücke.»
Goethe hielt inne. «Gut, daß wir auf den Merkvers kommen», fuhr er dann direkt an den Vetter gewandt fort. «Er erinnert mich an ein Versprechen: Wir wollten uns doch noch ein wenig unterhalten, junger Freund, nicht wahr? Im Gehen plaudert sich's zwanglos. Mögen Sie mit mir ein paar Schritte in den abendlichen Garten tun?» Goethe erhob sich und machte den anderen eine leichte Verbeugung: «Bitte entschuldigen Sie uns. Dem Alter ist der Dialog mit der Jugend ebenso notwendig wie umgekehrt.»

*

Eine einseitige Angelegenheit, dachte Goethe, während er dem Dichterlehrling den schmalen Pfad am Haus entlang zum Garten voranschritt. Wir Alten müssen uns hinabbeugen. Und doch: Wir bekommen wohl auch etwas zurück, und sei es nur den Hauch der Frische und eine irrlichternde Hoffnung auf Verjüngung. Ohne sie kein Eros, auch kein pädagogischer. Er stutzte. Gestern noch hätte allein ein solcher Gedanke genügt, sein Gemüt zu verdunkeln. Jetzt lag darin zwar eine gewisse Wehmut, doch eher eine, die das

Herz öffnet, als daß sie verstummen macht. Laut sagte er, als er an der Pforte hielt und sich zu seinem Begleiter umwandte:

«Die Lektüre Ihres Heftes hat mich Jahrzehnte zurückversetzt. Mein Lehrer damals war Gellert. Heute wohl nur noch wenigen ein Begriff?»

«Bei uns in Wien – dort studiere ich», beeilte sich der junge Mann zu versichern, «bei uns hat er wieder guten Klang, seit der große Beethoven einige seiner Lieder mächtig zum Tönen gebracht. ‹Die Himmel rühmen des Ewigen Ehre› läßt Dome erzittern. Es erinnert mich sehr an Ihren ‹Prolog im Himmel› aus dem ‹Faust›.»

«Wer weiß», lächelte Goethe ob des Eifers, «vielleicht habe ich Ähnliches dabei gehört oder empfunden, obschon sich schwer unterschiedlichere Charaktere denken lassen, als Beethoven und ich es sind.»

«Sie kennen den Meister, Exzellenz?»

«Kennen wäre übertrieben. Ich bin ihm begegnet, ja. Und er hat auch manches von mir in Noten gesetzt. Doch nahe gekommen bin ich seiner ungebändigten Persönlichkeit nicht und seiner Musik wohl auch nur in Maßen. Sie ist mir zu sehr das, was Sie ‹mächtig› nennen.»

«Wie schade, Herr Geheimrat!» sagte Graf Anton Alexander mit aufrichtigem Bedauern. «Große Geister kann ich mir nicht anders als verwandt vorstellen.»

«Sie sehen, guter Freund», kürzte Goethe die ohnedies müßige Diskussion heiter ab, «auch hier gilt: Gräben zwischen Verwandten sind besonders tief. Immerhin kann uns der Meister als Brücke dienen im vorhin angesprochenen Sinne. Ich habe nämlich den Eindruck, daß er Ihr jugendliches Trachten zum Grundsätzlichen hin beeinflußt. Sie

richten in Ihren Gedichten gern den Blick zum Himmel und wollen fertig sein, wo Sie erst beginnen.»
Sie waren stehen geblieben. Der gräfliche Schüler blickte ängstlich fragend, während Goethe das Heft hervorholte und blätterte.
«Ich denke», sagte er, «wir nehmen uns ein Beispiel vor. Hernach ist Gelegenheit für weitere Bemerkungen. Bitte lesen Sie dies. Der Dichter selbst trifft den Ton wohl am besten, und die Dämmerung überfordert meine alten Augen.»
Er reichte dem jungen Mann die Kladde. Der überflog kurz die Seite und bemerkte: «Ich habe vor, das Gedicht mit dem Wort ‹Fragen› zu betiteln. Daher die Fragezeichen am Strophenende, obwohl es keine richtigen Fragen sind.» Er hob das Heft und las mit feiner Betonung:

«Wenn die Stern' am Himmel blinken,
Wenn ihr Reigen nächtlich webt,
Künde treu mir, wo der erste,
Wo der Sterne letzter schwebt?

Wenn im regen Wogentanze
Welle mit der Welle tauscht,
O so zeig' mir, wo die erste,
Wo der Wellen letzte rauscht?

Und vermagst du's, so gib Kunde,
Löse mir das Schwerste frei.
Wann im Herzen wohl die Stunde
Erster, – letzter Liebe sei?»

Der Leser schwieg und schaute erwartungsvoll zu seinem Zuhörer auf. Der hatte während des Vortrags allmählich wieder den Spaziergang aufgenommen und wandelte zunächst wortlos weiter. Laut gesprochen ergriff ihn die Musik der Verse stärker, als ihm das beim stillen Lesen ergangen war. Da hatte er nur sozusagen kunstrichterlich hingesehen. Jetzt rief ihm der Schluß unbarmherzig seine eigene Situation ins Bewußtsein. Erst nach einigen Schritten begann er stockend:

«Ich will Ihnen nicht verhehlen, warum ich diese Strophen gewählt habe. Einmal ist das Stück kurz, eine Tugend, die sonst nicht eben zu Ihren Stärken gehört. Zum anderen spricht es eigentlich von uns beiden. Während sich Ihnen die Frage erster Liebe stellt, oder genauer: wohl gerade bitter enttäuschend gestellt hat – warum sonst das Gedicht? –, gehe ich einer liebelosen ...»

Hier versagte ihm die Stimme, und es war gut, daß sie gerade einen dunklen Laubengang passierten. Als sie nach einer Biegung wieder ins Offene traten, blickten sie genau nach Westen hinab, wo tief die schmale Sichel des eben wieder zunehmenden Mondes stand und sich anschickte, der Sonne unter den Horizont zu folgen.

Goethe legte seinem Begleiter die Hand auf die Schulter: «Verzeihen Sie. Sie haben gestern schon erlebt, daß ich mich quäle. Und daß Ihr Lied die Schmerzen geschürt, dürfen Sie als Zeichen dafür nehmen, daß es alles hat, was ein Gedicht ausmacht.»

«Es ist mir sehr leid», sprach der junge Mann leise, «wenn ich mit meinem Ansinnen an Schweres gerührt habe.»

«Betrüben Sie sich darüber nicht, werter Freund. Der Liebende und der Leidende, und wie oft ist das ein und derselbe, finden immer ein Apropos für ihren Herzschmerz.

Der Abendhauch treibt ihnen die Träne ins Auge, der Finkenschlag klingt ihnen wie Hochzeits- oder Sterbeglöckchen, je nachdem.»

«Das hat mich wohl auch zu meinen Versen gebracht», sagte der Vetter nun schon etwas mutiger. «Und Sie haben natürlich recht, wenn Sie dahinter eine große Erschütterung des Gemüts vermuten.»

«Deswegen wird das so schön Begonnene zur Klage, die im ersten Verlust schon den letzten fürchtet. Außerdem bricht da das Bild: Während bei Sternen und Wellen erste und letzte nimmer zu nennen sind, atmet alles Lieben Vergänglichkeit dergestalt, daß die erste Liebe bereits die letzte sein mag. Doch Lieben umfaßt ja beides: das Stirb wie das Werde. Also warum so elegisch, ja resignierend? Das überlassen Sie besser uns Alten. Gegenstand der Jugend sollte das fortschreitende Leben sein, in dem man jeder Jahreszeit etwas abzugewinnen weiß, der Eisbahn wie dem Rosengarten die gehörige Zeit gönnt. Poetischer Gehalt ist immer Gehalt des eigenen Lebens. Und mit diesem abzuschließen haben Sie doch nicht vor, nehme ich an?»

«Vielleicht war das im ersten Moment so», gestand der Jüngling, «woher auch der Grundton des Liedes rührt. Er ergreift mich immer noch.»

«Das ist's ja, was mich für Sie bedenklich stimmt und zu meiner etwas barschen Schelte beigetragen hat. Nehmen Sie sie als Sorge darum, daß Sie die Muse mißverstehen könnten: Sie vermag das Leben zu begleiten, zu leiten nicht.»

«Ist denn gar nichts unter meinen Stücken, das Ihnen ganz gelungen erscheint?» fragte der junge Vetter des Grafen.

«O doch, mehr als erwartet», beeilte sich Goethe zu versichern. «Nehmen Sie nur den beschwingten Anfang Ihres Badeliedes. Ich hab ihn gleich behalten: ‹Ach, könnt' ich die Welle sein,/ Wie freut' ich mich so!/ Doch könnt' ich die Quelle sein,/ Wär' doppelt ich froh!› Es ist sogar so, mein Freund, daß der Vergleich, den ich eingangs unseres Gesprächs mit meinen eigenen jugendlichen Poemata angedeutet habe, keineswegs stets zu meinen Gunsten ausfällt. Ich habe mich lange viel zu sehr von hemmenden Vorschriften fesseln lassen und habe gekünstelt, wo freier Gesang allein mein Inneres hätte hervorbringen können.»

«Aber Sie haben die Fesseln schließlich gesprengt, und für uns Junge gleich mit. Insofern danken wir es Ihnen, wenn wir unsere Richtschnur selbst wählen dürfen.»

«Sie verstehen es», lachte Goethe, «einem alten Mann um den Bart zu gehen. Und ich lasse es mir nur zu gern gefallen. Vielleicht darf ich mich mit einem Wechsel auf die Zukunft revanchieren: Ist Ihnen die Zeit gewogen, kann sich ein schönes Talent entfalten.»

«Wäre es also verfrüht», fragte Anton Alexander, das Heft zweifelnd in der Hand wiegend, «mit diesem schon vor das Publikum zu treten?»

«Dazu rate ich noch nicht, und wenn, dann besser zur Probe unter einem nom de plume. Wie wär's mit ‹Grün›? Es sind ja Gehversuche eines Neulings. Und da Sie zwei Vornamen mit dem Initial A tragen, suchen Sie am besten einen ebensolchen etwas fremd anmutenden, die Phantasie beflügelnden dazu. Nun aber: Gute Nacht! Ich habe mit Ihrem Herrn Onkel noch einiges zu erörtern.»

«Gute Nacht, Euer Exzellenz. Die Zeit, die Sie mir geopfert haben, soll nicht verloren sein.»

Die beiden trennten sich. Goethe suchte den Hausherrn

auf, besah mit ihm noch einige Mineralien, besprach die morgige Abreise und zog sich dann zurück. Auf seinem Flur angekommen, klopfte er bei John und bat ihn zum kurzen Diktat der Tagesgeschehnisse. Über die poetische Nachhilfe für den Vetter ließ er nichts festhalten.

Eger

Am Sonntag sorgfältige Toilette wie alle Morgen, doch kein Verweilen im Bett und keine rechte Ruhe für das Gedicht. Wenn eine Abreise anstand, unterbrach Goethe die praktischen Vorbereitungen höchstens für kurze Notizen von Ideen oder Vorhaben. Erst in der Kutsche würde Zeit sein, Gedanken auszuformen, denn Rat Grüner, der ebenfalls auf Hartenberg übernachtet hatte, mußte mit eigener Chaise reisen. Er hatte unterwegs noch Diverses zu erledigen. Ein paar ungestörte Stunden blieben also bis Eger, wo man wieder zusammentreffen wollte.

Über diese Aussicht sehr zufrieden, gab Goethe Stadelmann Anweisungen für das Aufladen und bat John, einige Stellen aus der Familienchronik der Auerspergs zu kopieren, die ihm der junge Graf Joachim Joseph bezeichnen werde. Nun noch rasch ein paar Worte für das Gästebuch, das ihm das Zimmermädchen hingelegt hatte. Natürlich, lächelte Goethe, von mir will jeder Merk-Würdiges, am besten Gereimtes. Aber das macht leicht fremd, was doch so herzlich empfunden ist. Und in seiner steilen, noch immer schwungvollen Schrift warf Goethe auf die erste freie Seite: «Die Gabe dieses Augenblicks bleibt wie der Sonnenblick am Abend mit gerührtem Dank anzuerkennen. Treulichst J. W. v. Goethe.» Das Zwiegesprächige zwischen Auge und

Sonne durch das doppelte «blick» freute ihn. Und doch vermochte er die Ahnung von der Endgültigkeit dieser Abreise nicht ganz aus den wenigen Worten zu verbannen. Goethe verließ sein Zimmer und begab sich in den Salon, wo sich die anderen Bewohner und Gäste bereits zu einem kurzen Frühstück eingefunden hatten.

Gemessen in die Runde grüßend nahm der Dichter neben dem Hausherrn Platz. Zu intensiverem Gespräch war indes keine Gelegenheit mehr, denn man wurde des öfteren durch Fragen von Bedienten unterbrochen, mußte nach da und dort Auskunft geben, oder es fiel dem einen oder anderen selbst noch etwas ein, das zu bedenken war. So blieb es beim heiteren Austausch über mehr oder weniger Belangloses: Mutmaßungen zum Wetter der nächsten Stunden, Mitteilungen über die zu erwartende Fahrzeit und die Schönheiten der Route, Allgemeines von den Straßenzuständen in der Region und was dergleichen typische Aufbruchthemen mehr waren.

Nach beendeter Stärkung folgte allgemeines Stühlerücken, doch der Aufbruch zögerte sich hin. Man trat plaudernd durch die Tür, stand zuerst noch eine Weile wie unschlüssig in der Halle herum, ging dann hinaus auf die Freitreppe und sah den Kutschern und Stallburschen bei den letzten Handgriffen zu. Schließlich öffnete Stadelmann den Schlag: «Der Wagen ist bereit, Herr Geheimrat.»

«Adieu, Exzellenz», sagte Graf Auersperg und ergriff beide Hände seines scheidenden Gastes, «Sie wissen, daß Sie auch auf künftigen Badereisen ins Böhmische Hartenberg beehren müssen. Mir ist bei Ihren Besuchen immer, als sei vielmehr ich bei Ihnen zu Gast im weiten Reich der Ideen. Der Sitz, wo Sie bei Ihrem ersten Besuch vom Bergsteigen gerastet haben, heißt hier bei uns seitdem ‹Goethes Ruhe›. Lassen Sie ihn nicht allzu lange verwaisen!»

«Über das Kommende, Graf, verfügen wir nicht», erwiderte Goethe bewußt unverbindlich. «Ob es ein zu Hoffendes oder zu Fürchtendes sei, nicht einmal das wissen wir. Zum Glück, möchte ich sagen. Nur soviel ist sicher: Ich habe mich hier so wohl befunden und so feinen Takt erfahren, daß mir niemals einfiele, einen Bogen um Ihr gastliches Haus zu machen. Leben Sie wohl und seien Sie innig bedankt!»

Und nach einem förmlichen Handkuß für die Tante sagte er an Rat Grüner gewandt: «Fahren Sie immer schon voraus, mein Freund. Da ich geraden Weges Eger ansteuern werde, komme ich Ihnen ohnedies zuvor.»

Er drückte den jungen Männern herzhaft die Hand, hatte für den dichtenden Jüngling ein aufmunterndes Nicken und eilte dann die Treppe hinunter. Aus dem Wagen noch ein kurzes, ernstes Winken, und schon bog die Kutsche in die Ausfahrt ein und verschwand hinter der nächsten Biegung. Auch dieses Mal hatte sich Goethe nicht mehr umgesehen. Er hatte nicht in den Gesichtern lesen wollen, was er nur zu gut wußte und was die anderen wohl ahnten: Auch die Begegnung mit dem Hartenberger Freund war eine «letzteste». Die Auerspergsche Gastfreundschaft würde er nie wieder genießen. Badereisen, Böhmen, Brunnen – es war einmal.

*

Wie doch die Stimmung die Wörter einfärbt oder gar eintrübt! dachte Goethe. Was in den Kinder- und Hausmärchen meiner guten Grimms eine so anheimelnd-freundliche Eröffnungsformel ergibt, das ist für mich das Gegenteil: erbarmungsloser Abschiedsrefrain, zu dem die Räder und Hufe die Musik machen; die Zeiten, da das Wünschen noch geholfen hat, sind auf immer dahin. Goethe raffte die Gardine beiseite und sah hinaus. Schön war es auch heute, doch bei weitem nicht mehr so lau wie am gestrigen Morgen. Gossengrün blieb bald zurück. Die Kutsche durcheilte weitere gepflegte Dörfer. An einer Gabelung wies das Feldkreuz nach links zum kleinen Wallfahrtsort Maria Kulm, der heute und vor allem morgen Ziel zahlloser Pilger sein würde, denn am 8. September begingen die katholischen Bewohner der Region das Fest von Mariä Geburt. Das Bild der Gottesmutter gemahnte Goethe an die Eingangsverse seines Gedichts und daran, daß jede Himmelsschau immer auch ein Blick ins eigene Innere ist. Nur dort konnte er zu finden hoffen, was er vergeblich hoch oben im «unermesslich grosen» und in den «Luftgebilden» der Natur gesucht. «Ins Herz zurück» mußte er. Wie bereits aus dem Bisherigen entwickelt, wollte er die am gestrigen Morgen notierte Wandlung der «Einen» erfassen. Goethe nahm den Schreib-Calender mit seinen Entwürfen aus einer Mappe, in der er auch die ersten Abschriften mit sich führte. Er blätterte die noch in Marienbad niedergeschriebene erste Strophe auf. Diese hatte er ja ebenfalls gestern bearbeitet und zur sechszeiligen Stanze erweitert. Konnte sie so bleiben? Er verglich die vierzeilige Notiz im Calender mit der ausgeformten Abschrift, nickte zufrieden und suchte nun die Stelle, an der er auf der Fahrt nach Hartenberg vorerst geendigt hatte mit dem Wunsch, die kaum erhaschbaren Bilder drucken zu können.

Er nahm den Bleistift aus der Lasche, ließ die abgebrochenen und nicht abgehakten Verse unberührt, die auf der Februarvorderseite standen, und wandte das Blatt um. Dort, auf der Rückseite desselben Monats, fand er gewissermaßen das Scharnier vor vom Schauen zum Fühlen, vom Äußeren «ins Herz zurück». Mit einem kurzen waagerechten Strich unter der letzten Zeile («so tausendfach und immer immer lieber») hatte Goethe das auch optisch herausgehoben.

Hier wollte er weitersuchen und das Herz befragen. Er setzte direkt darunter neu an, indem er gleich das innigste der Bilder, das am stärksten aufgeladene festhielt:

«Wie zum Empfang Sie an d Pforten weilte»

Er hielt inne trotz aller Eile, die das abgekürzte «d(en)» zeigte. Einerseits war auf dem Blatt kein Platz für weitere Zeilen, andererseits stockte er, weil die so oft erlebte Szene ihm so deutlich vor Augen trat, ja förmlich aufleuchtete: Die helle, schlanke Gestalt an der Tür, die wie zufällig und doch zeichenhaft absichtlich auf der Schwelle des Hauses den Ankömmling erwartet. Goethe atmete schwer, als er die Märzvorderseite aufschlug und sozusagen mit nur einem einzigen kühnen Akkord Willkommen und Abschied untrennbar verwob:

«Und mich von da so stufenweis beglückte
Mich nach dem letzten Kuss mich noch ereilte
Den letztesten mir auf die Lippen drückte»

Das doppelte «mich» kümmerte Goethe jetzt nicht. Er blätterte weiter und wollte auf der noch ganz freien Rückseite des März fortfahren: «So bl...» Nein, das mußte er umstellen. Er tilgte die vier Buchstaben und hatte rasch das die Strophe abschließende Verspaar gefunden:

«So fest beweglich bleibt das Bild der Lieben
Nicht Starr in s Erz in s weiche Herz geschrieben.»
Hier gab es kein Rasten, denn der Keim des Kommenden war bereits in der Schlußzeile angelegt. Und so schrieb Goethe quer zum Calendarium umgehend weiter:
«In s Herz das fest wie zinnenhohe Mauer
Sich ihr bewahrt und Sie in sich bewahret
In Ihr sich freut an seiner eignen Dauer»
Mehr Text ging nicht hin, und das hatte den Vorteil, daß Goethe beim Blättern eine kleine Pause im Wörterfluß eintreten lassen mußte. Er schlug den April auf, verhielt einen Moment und entschloß sich dann, die Aussage der Selbstfeier noch weiter zu steigern bis hin zum erst wirklichen Bewußtwerden des eigenen Fühlens durch die Geliebte:
«Nur weiss von Sich wenn sie sich offenbaret.»
Nun fehlte noch der beschließende paarig gereimte Doppelvers. Konträre Versatzstücke gingen Goethe durch den Kopf über Befreiung durch freiwillige Fesselung an die Geliebte, Entgrenzung durch Beschränkung. Doch das war alles zu gewollt und zu sehr gedacht, zu wenig empfunden. Er würde einen neuen Anlauf machen müssen und die Klippe mit frischem Atem zu überwinden suchen. Für jetzt hatte er sich mit dem heutigen Fortschritt zufriedenzugeben, denn der Wagen rasselte bereits über das Pflaster der Egerbrücke und würde gleich vor dem Gasthof «Sonne» halten. Goethe sicherte den Bleistift wieder in der Lasche und barg Abschrift wie Calender in der Mappe.
Das Wirtsehepaar begrüßte ihn freudig schon vor dem Haus, hatte er hier doch schon oft und zuletzt erst vor zwei Wochen ein paar Tage logiert. Seine Zimmer waren unterdessen auf seinen Wunsch hin nicht belegt worden, so daß

er alles noch nach seinen Gewohnheiten eingerichtet fand. Es drängte ihn zwar gleich zu weiterer Formung des Gedichts, doch fürchtete er, der sich nach vierstündiger Fahrt pünktlich mittags meldende Appetit könne störend einwirken.

Er fand die Küche gut vorbereitet und wählte auf Empfehlung der Wirtin gespickten Rindsbraten, nahm allerdings nur zwei Scheiben, weil auch übermäßige Sättigung beim Schreiben hinderlich sein konnte. Leicht fiel es ihm wahrlich nicht, sich zu zügeln, denn der Braten und fast mehr noch die Sauce mundeten ihm vortrefflich. Der Hauch von Zimtgeschmack, das Buttergemüse und das kernige Brot zur würzigen Tunke hätten ihn in anderer Situation alle guten Vorsätze über Bord werfen lassen. So nippte er auch nur am Wein, ließ rasch abräumen und begab sich ans Schreibpult.

Gestärkt wollte er nun mit neuem Schwung versuchen, das noch fehlende Verspaar zu finden. Er nahm sich die Abschrift vor, überlas die letzten im Gasthaus zu Zwodau kopierten Verse zur Einstimmung und schrieb nun das in der Kutsche Notierte unter einigen Änderungen ebenfalls ab; vielleicht würde sich im Prozeß des Schreibens das Finale der zweiten, heute verfaßten Strophe wie von selbst einstellen:

«Wie zum Empfang Sie an den Pforten weilte
Und mich von dannauf stufenweis' beglückte;
Selbst nach dem letzten Kuss mich noch ereilte,
Den letztesten mir auf die Lippen drückte;
So klar beweglich bleibt das Bild der Lieben
Mit Flammenschrift in's treue Herz geschrieben.»

Neu war überall die Interpunktion. Die Eingangszeile blieb

textlich ohne Korrektur, vom ergänzten «den» abgesehen. Das erste «Mich» in Zeile zwei war nun in «Selbst» geändert, aus «von da so» war «von dannauf» geworden. Das bemüht verrätselte Paradoxon «fest beweglich» im vorletzten Vers bekam eindeutigeren Sinn durch «klar beweglich». Die Schlußzeile hatte die durchgreifendste Änderung erfahren dadurch, daß der binnengereimte Gegensatz «Erz-Herz» aufgegeben war. Goethe fand ihn in der auch materialen Kollision wohl etwas zu aufdringlich und zu klingend, die Änderung von «in s weiche Herz» zur gefühlteren Formel «in's treue Herz» ging immerhin in dieselbe Richtung. Kräftigsten neuen Akzent gewann dieser entscheidende Vers aber durch das alttestamentarisch wuchtige Wort «Flammenschrift». Unauslöschliches, ja Göttliches signalisierte es. Rasch weiter, damit ich wieder Fahrt aufnehme, sagte sich Goethe und fuhr entschlossen ohne Änderung mit den ersten beiden Zeilen der neuen Strophe fort:

«In's Herz das fest wie zinnenhohe Mauer
Sich Ihr bewahrt und Sie in Sich bewahret,
Für Sie sich freut an Seiner eignen Dauer,
Nur weis von Sich wenn Sie sich offenbaret,»

Mit der Groß- und Kleinschreibung nahm Goethe es nicht so streng. Und geändert hatte er eigentlich nur «In Ihr» durch «Für Sie», weil das «In» eigentlich als «An» zu lesen gewesen wäre, was wegen des nachfolgenden nochmaligen «an» nicht paßte. Nun aber galt es. Goethe hatte bewußt ein Komma gesetzt, denn mit einer stärkeren Zäsur wollte er hier den Wortstrom nicht unterbrechen. Die schon erwogene dialektische Formel von befreiender Gefangenschaft drängte sich ihm wieder auf, und er suchte nur noch nach schlichten Fügungen: Nicht um blaß Ergrübeltes, sondern um lebendig Imaginiertes ging es an dieser Stelle. Er sprach die letzten Verse noch einmal laut, und dann hatte er es:

«Sich freyer fühlt in so geliebten Schrancken
Und nur noch schlägt für alles Ihr zu dancken.»

*

Es klopfte. Auf das freundliche «Herein!» erschien Rat Grüner, der wenig später angelangt war und ungesäumt den Freund aufsuchte.

«Ich war Ihrer noch gar nicht vermutend», begrüßte Goethe den Eintretenden. «Um so schöner, daß Sie sich schon haben freimachen können. So bleibt uns Zeit genug, die neuen Entwicklungen in der Geognosie zu erörtern.»

«Die Freude ist ganz auf meiner Seite, Exzellenz», versetzte Grüner. «Und ich komme auch nicht mit leeren Händen», fügte er hinzu. «Sehen Sie hier.»

Grüner brachte umständlich ein kleines Päckchen aus seiner Manteltasche zum Vorschein, legte es auf den Tisch und packte den Inhalt so vorsichtig aus, als handele es sich um höchst Zerbrechliches. Doch zum Vorschein kam nur ein seltsam streifiger Stein. Grüner überreichte ihn Goethe:

«Den Gneis habe ich aus den Rossenreuther Steinbrüchen. Granit war darauf gelagert und ist mit diesem zu einem Gestein nun ganz verbunden. Sehen Eure Exzellenz das entstandene innige Miteinander? Ich kann mich daher nicht überzeugen, daß der Granit ein vulkanisches Produkt sei. Wenn es mir als Neuling zustünde, so würde ich meine Ansicht hierüber aussprechen.»

«Ihr Juristen», erwiderte Goethe, «habt ein eigenes Feld; ihr hört und prüft beide Teile, ehe die Entscheidung folgt.

Auch in der Naturwissenschaft muß man die verschiedenen Ansichten, meist Hypothesen, gelassen anhören, prüfen, und seine Meinung bescheiden äußern. Lassen Sie hören, auf welche Art Sie den Vulkan von Ihrem Gestein wegbringen.»

«Ich halte diesen Granit», führte Grüner auf diese Ermunterung hin aus, «für einen Abkömmling vom Gebirge, also für einen jüngeren. Jener auf den Bergen zerbröckelte, das Wasser schwemmte ihn herab zu einer Zeit, als der feinkörnige Granit sich waagerecht lagerte, jedoch nicht zur festen Gneismasse gebildet war. Der zerbröckelte Granit hat eine braune bis ockergelbe Farbe und scheint von eisenhaltigem Wasser bedeckt und geschwängert worden zu sein. Das eisenhaltige Wasser war nun bei jenem Granit, den ich den jüngeren nenne, das Verbindungsmittel, als er auf dem Gneis erstarrte. Zum Beweise könnte ich anführen, daß man große Blöcke Granit findet, welche ockergelbe, das ganze Gestein durchziehende Ringe haben, die denn doch wohl von keinem Vulkan herrühren können.»

Darauf erwiderte Goethe: «Mich freut es, daß Sie in diese Wissenschaft so kräftig eindringen und daran Vergnügen finden. Bei dieser Gelegenheit muß ich Ihnen doch ein Späßchen erzählen, welches unser Großherzog mit unserem Professor Lenz sich gemacht hat. Der feierte in Jena sein Dienstjubiläum. Der Großherzog, der Lenz als eifrigen Neptunisten kennt, ließ eine Torte in Form eines ausgebrannten Vulkans machen und die goldene Verdienstmedaille hineinlegen. ‹Nun, lieber Lenz, werden Sie doch dem Vulkane einen günstigen Blick zuwerfen?› Nicht wahr, das war artig?», schloß Goethe.

«Ich kenne darin Seine Durchlaucht völlig wieder», lachte

Grüner, «obschon ich dem Großherzog neulich zum ersten Mal und nur recht kurz bei Ihnen in Marienbad begegnet bin. Nicht selten blitzt ihm der Schalk aus den Augen.»
Goethe wandte sich wieder dem Grünerschen Brocken zu, besah ihn von allen Seiten und stimmte der wohlabgewogenen Meinung des Freundes weitgehend zu. Dann kam er auf die grundsätzliche Frage nach der vornehmlichen Gesteinsbildung oder, wie er sagte, Oryktogenese zurück.
«Sie wissen, lieber Rat», sagte er, «daß ich lange selbst ohne Wenn und Aber die Entstehung aus Ozeansedimenten vertreten habe, also ebenfalls der neptunischen Partei zuneigte. Nein, nein, daran hat sich im Grundsatz nichts geändert, doch sinne ich immer wieder, wie denn eine Übereinkunft mit den Vulkanisten zu bewerkstelligen sein möchte. Dabei habe ich mich auf die vulkanischen Argumente weit eingelassen und bin schließlich fast irre an meiner Überzeugung geworden, vor allem seit mir Humboldt seine Schrift über die Vulkane in den diversen Erdgegenden zu Jahresanfang geschickt hat.»
«Der große Reisende?» fragte Grüner. «Er ist ein bewanderter Mann und vorsichtig im Urteil.»
«Eben der», versetzte Goethe. «Und bewandert gilt buchstäblich, reicht aber zur Beschreibung seiner Vielseitigkeit bei weitem nicht aus. Ich kenne ihn so lange, und doch bin ich stets von neuem über ihn in Erstaunen. Wohin man rührt, er ist überall zu Hause und überschüttet uns mit geistigen Schätzen. Er gleicht einem Brunnen mit vielen Röhren, wo man überall nur Gefäße unterzuhalten braucht und wo es uns immer erquicklich und unerschöpflich entgegenströmt.»
«So ein Mann kann wohl wankend machen», sagte Grüner.

«Bei Ihnen freilich, Exzellenz, vermag ich mir das in gar keiner Weise zu denken.»
«Ja ja», nickte Goethe. «Ich bin selbst überrascht gewesen, wie tief die Meinung eines solchen Mannes eindringen konnte. Ich fühlte jedenfalls die Pflicht, auf der Grenzscheide meiner alten und seiner neuen Meinung, die untereinander keinen Vertrag schließen können, aufmerksam und nachdenklich zu wandeln und mit Ernst die wechselseitigen Gründe zu überlegen. Letztlich aber konnte ich mich doch nicht überwinden, meine Anschauung zu opfern. Was uns trennt ist die Perspektive: Seine Beobachtungen gehen vom Element, die meinigen von der Gestalt, dem Ganzen aus.»
«Unser Gneis, verehrtester Freund», sagte Grüner herzlich, «gibt Ihnen nur zu sehr recht darin, standhaft geblieben zu sein. Und auch Ihre Untersuchungen am nahen Kammerberg oder Kammerbühl, wie wir sagen, bestätigen, daß alles Vulkanische nichts als brennende Kohlenflöze nahe der Oberfläche gewesen sein kann.»
«In meiner Rezension der Humboldtschen Schrift», versetzte Goethe, «habe ich den Freund geschont, ja ihm eine gewisse Zustimmung angekündigt. Hier im Böhmischen aber hat sich die Verwirrung wieder gelegt. Ich kann meine Sinnesweise nicht ändern zulieb einer Lehre, in der von gar nichts Festem und Regelmäßigem mehr die Rede ist, sondern nur von zufälligen unzusammenhängenden Ereignissen. Nach meinem Anschauen baute sich die feste Erde aus sich selbst heraus auf bei zurückweichendem Weltmeere. In der vulkanischen Theorie erscheint sie überall geborsten, als wandelten wir über eine vermaledeite Polterkammer.»
«Ich denke», warf Grüner ein, «daß auch persönliche Nei-

gung Sie zum genauen und wohlwollenden Bedenken der Freundesmeinung veranlaßt hat.»
«Gewiß», bestätigte Goethe. «Das Persönliche ist auch dort eine Macht, wo es irritiert. Humboldt ist mir in den Jenaer Jahren so nah gewesen wie nur wenige. Und nie werde ich ihm vergessen, wie mich eine seiner Sendungen in der tiefen Bestürzung nach dem Tode meiner Frau aus dunklem Kummer wieder für den Tag gewonnen hat.»
Die Erinnerung bewegte ihn stark. Er erhob sich verabschiedend, geleitete Grüner zur Tür und verabredete sich mit ihm für den kommenden Tag. Er wollte allein sein, denn das Letzterwähnte beschäftigte ihn weiter. Er entsann sich, wie er Humboldt seinerzeit für den Lichtblick gedankt hatte. Und wie alle damaligen Erlebnisse hatte sich auch dieser Dank nachhaltig eingeprägt. Die Zeilen, mit denen er ihn abgestattet, waren ihm ganz gegenwärtig:

«An Trauertagen
Gelangte zu mir dein herrlich Heft!
Es schien zu sagen:
Ermanne dich zu fröhlichem Geschäft!»

Eine Mahnung zur rechten Zeit, dachte Goethe, in jenem Juni ebenso wie jetzt.

*

Die nächsten beiden Tage sahen Goethe in ständiger Bewegung: Auf Ausfahrten, zu Besuchen bei Grüner, bei Exkursionen mit dem Freund, am Pult beim Sortieren von Papieren, auf und ab gehend bei Diktaten von Briefen, mit

Stadelmann neue Funde verpackend, Weisungen gebend für die Ordnung von Mineralien, Besuch empfangend, beim Entwerfen von Plänen für geeignete Schränke, welche die Grünersche Gesteinssammlung aufnehmen könnten. Mehrmals kam dabei das Gespräch auf das Ordnungsprinzip nach der Mohsschen Härteskala. Selbige hatte es auch Grüner angetan, weil sie ebenso sinnfällig wie einfach zu handhaben war: Die Mineralien wurden nach der Stufenfolge des in Freiburg lehrenden Mineralogen Friedrich Mohs in zehn Härteklassen dergestalt eingeteilt, daß die jeweils zur höheren Klasse gehörenden die Oberfläche der niedrigeren zu ritzen vermochten, aber nicht umgekehrt, und ihrerseits von der nächst höheren geritzt werden konnten. Danach stand Talk für den untersten, weichsten und Diamant für den zehnten, härtesten Grad. Goethe bat Grüner, Graf Auersperg bei dessen Einsatz für eine solche Anordnung auch im bedeutendsten Mineralienkabinett in Prag zu unterstützen.

Doch Goethes Aufmerksamkeit galt nicht nur Boden und Landschaft, sondern auch im profanen Sinn dem Himmel. Er pflegte auf seinen Badereisen Wetterbeobachtungen zu notieren, Wolkenformen zu beschreiben oder gar abzuzeichnen, Temperaturen und Barometerstände aufzulisten. John war ihm dabei ein genauer Helfer. Ihn bat er um Begleitung zum Apotheker, der während Goethes Abwesenheit die Luftdruckwerte von Eger festgehalten hatte. John und sein Herr fanden alles bereit, als sie bei dem hilfreichen Mann vorsprachen, und Goethe sah sich sogleich die Liste an:

«Schaut», sagte er zu John und zum Apotheker. «Wir haben seit vielen Tagen klares Wetter, nicht immer warm, aber nur mit gelegentlichen Wolken. Die Barometerstände bilden das getreulich ab und sind relativ konstant hoch. Die Erde atmet aus und vertreibt die Wolken mit ihrer Wasserverneinung.»

«Sie atmet nun aber schon fast zu lange aus», gab John vorsichtig zu bedenken. «Wenn sie einmal so lange einatmet, dann ersäuft sie uns womöglich.»

«Der Natur eignet immer etwas Chaotisches und Gewaltsames», erwiderte Goethe. «Wenn wir vom Atmen der Erde sprechen, dann ist das nicht im geregelten Rhythmus wie bei uns Menschen und bei den Tieren zu denken. Es sind Kräfte am Werk, die immer von neuem ins Gleichgewicht zu bringen sind. Behalten die schlimmen eine Weile die Oberhand, dann kommt es zu Katastrophen. Die schlimmste, da habt Ihr recht, John, war die Sintflut, als die Wasserbejahung so lange anhielt, bis alles Feste überflutet war.»

«Kann sich so etwas», warf der Apotheker ein, «nicht jederzeit wieder ereignen?»

«Nun nun, ja ja», meinte Goethe. «Es hat sich seither nicht wiederholt. Die gelehrten Theologen führen das auf den Bund des Herrn mit den Menschen zurück. Das Zeichen dafür sei der Regenbogen. Ich denke aber, daß auch hier rein tellurische Ursachen anzunehmen sind. Und so darf nicht ausgeschlossen werden, daß die verursachenden Gewalten in naher oder hoffentlich erst in fernerer Zukunft erneut außer Rand und Band geraten mögen.»

«Von wo», fragte der Apotheker, «vermuten Euer Exzellenz am ehesten Gefahr?»

«Es ist ja so», versetzte der Geheimrat, «daß nicht nur der Erde Atem geht, sondern auch ihre Schwerkraft pulsiert. Diese ist eine ungeheure Macht und daher am meisten zu fürchten. Unsere Instrumente erfassen ihren Takt noch nicht oder doch nur indirekt anhand des Luftdrucks. Und dieser spiegelt sich auch in der Himmelsbedeckung.»

Goethe bat John, die Barometer-Tabelle an sich zu nehmen und ihm statt dessen die mitgebrachten Zeichnungen zu reichen. John hatte sie nach seinen Weisungen während der Reise nach Karlsbad und Hartenberg angefertigt; einige hatte Goethe auch selbst skizziert:

«Ihr werdet Euch nicht die Mühe gemacht haben», wandte er sich wieder an den Apotheker, «in den letzten zwei Wochen die Wolken genau zu beobachten. Ich denke aber, Ihr könnt beurteilen, ob sie in diesen Tagen auch in Eger in etwa den von uns schraffierten ähnelten.»

Er legte für jeden Tag ein oder zwei Blatt vor, und hörte sehr zu seiner Genugtuung, daß der Himmel auch hier das gleiche Schauspiel geboten habe wie in Karlsbad und während der Fahrt, nämlich überwiegend hohe duftige Bewölkung. Nun lagen die Orte nicht sonderlich weit auseinander, doch bestätigte der Apotheker mit seiner Erinnerung trotzdem ein wenig Goethes Ansicht, daß in allen Weltgegenden Hoch- oder Tiefdruck nahezu gleichzeitig herrschten, denn es atmete nach seinem Dafürhalten ja die Erde als Ganzes und schaffte allenthalben vergleichbare Witterung. Das mußte sich nicht gerade im Wolkenbild spiegeln, aber doch in den Wolkentypen, wie sie der englische Meteorologe Luke Howard 1803 entworfen hatte. In diesem Fall betraf es vorwiegend Zirrus.

Goethe hatte es plötzlich eilig. Er dankte dem arzneikundigen Mann für seinen Beistand und machte sich mit John auf den Heimweg. Auf seinem Zimmer angekommen, setzte er sich an den Tisch, stützte den Kopf in die Hände und seufzte: Daß einen die Bilder bei jedem Stichwort einholen! Erst neulich, noch ganz im Heiter-Spielerischen, hatte er doch für Ulrike Verse gemacht, Laune und Wetter in Vergleich setzend:

«Du Schüler Howards, wunderlich
Siehst morgens um und über dich,
Ob Nebel fallen, ob sie steigen,
Und was sich für Gewölke zeigen.
...
Und wenn bei stillem Dämmerlicht
Ein allerliebstes Treugesicht
Auf holder Schwelle dir begegnet,
Weißt du, ob's heitert? ob es regnet?»

Das war noch so unbefangen, ja neckisch gewesen. Und nun? Die Gedanken nährten sich fast von selbst, denn das Bild der «holden Schwelle» zog ihn magisch wieder in sein Gedicht und an die Stelle, wo die Geliebte als Himmelserscheinung geschaut ist. In der Abschrift hatte er die Notiz aus dem Wagen leicht geändert, nun hieß es:
«Wie leicht und zierlich, fein und zart gewoben
Schwebt, Seraphgleich, aus ernster Wolcken Chor,
Als glich es Ihr, am blauen Aether droben,
Ein zart Gebild aus lichtem Duft empor;»
Hier änderte er nun wegen des doppelten «zart» das zweite in «schlanck», und das «fein» tilgte er auch und machte «klar» daraus. Dann las er den die Strophe endenden Doppelvers:
«So sahst du sie im frohen Tanze walten
Die lieblichste der lieblichsten Gestalten.»

Irgend etwas störte ihn auch daran, er kam aber nicht gleich darauf, was es war. Beim halblauten Lesen entdeckte er es: Die Fügung «im frohen» ließ den Lippenlaut m und den Lippen-Zahn-Laut f aufeinander treffen und fast zu einem pf verschmelzen. Setzte er statt des Artikels «in dem», zusammengezogen «im», das Adjektiv «froh» in den Dativ, erleichterte er das Sprechen: «in frohem». Außerdem erhielt er dadurch ein noch froheres Bild, denn die gehobene Dativ-Endung betonte das schmückende Beiwort stärker. Also änderte er auch das.

*

Briefschulden waren abzutragen. Goethe ließ John zum Diktat rufen.

«Nehmt Platz, lieber John, und sichtet einmal die letzten Posteingänge. Was meint Ihr», fragte er seinen Sekretär, «ist so dringlich, daß wir es nicht bis zur Rückkunft in Weimar warten lassen sollten?»

«Exzellenz haben schon einige Male erwähnt, welche Freude Ihnen die Sendung des Pilsener Poetikprofessors Zauper gemacht hat.»

«Richtig, das wollen wir gleich erledigen. Die Texte sind zwar beileibe nicht alle bedeutend, aber sie kommen aus so guter Gesinnung und Freundschaft mir gegenüber, daß ich eine Ermutigung wohl geben darf. Doch das war nicht das einzige, nicht wahr?»

«Vielleicht wartet auch Regierungsrat Schultz in Berlin auf ein Zeichen», sagte John. «Er hatte seinen Besuch in Weimar angekündigt und mag in Sorge sein, ob er denn zur Zeit willkommen.»

«Gut, das soll der erste Brief sein. Oder haben wir da noch weitere eilige Kandidaten?»
«Gestern sprachen Exzellenz auf dem Rückweg vom Apotheker davon, Bankier von Willemer und Gemahlin seien eigentlich recht nah, doch sei ein Umweg über die Rhein-Main-Gegend leider unmöglich.»
«Besten Dank, John, für Eure Aufmerksamkeit. Erst also Schultz, dann die Willemers und schließlich Zauper. Seid Ihr bereit?»
Während Johns Feder über das Papier eilte, ging Goethe mit verschränkten Händen auf dem Rücken sinnend auf und ab in der Stube und sprach in warmen Worten Schultz seine Einladung nach Weimar aus. Dabei konnte er nicht ganz umhin, Andeutungen über seinen Versuch der «unmöglichsten aller Synthesen» zu machen, womit er die Beziehung zu Ulrike meinte. Goethe nahm wohl zu Recht an, daß darüber Gerüchte auch bis in die preußische Hauptstadt gedrungen waren, denn er fügte noch die ansonsten kryptische Äußerung an: «Nach dem Texte der Heiligen Schrift muß mir viel verziehen werden, denn ich habe viel geliebt.» Vielleicht wollte er mit solchen «ernsten Scherzen» über die wirklich ernsten Schmerzen hinwegplaudern. Er wechselte auch schnell das Thema und berichtete noch kurz von seinen geologischen und wetterkundlichen Arbeiten: «Ich führe zwei tätige Jüngere neben mir, wovon der eine (gemeint: Stadelmann) die Erde durchklopft, der andere (nämlich John) sich um die Meteore des Himmels bekümmert, und so ist viel gesammelt und bemerkt worden. Auf jenes Atmen der Erde weiß ich schon viel Himmlisches, beinahe alles zu beziehen, und wäre es auch nur zur Übung des Geistes, ein solcher Versuch würde immer viel

Nutzen bringen.» Er schloß das Schreiben mit dem Wunsch: «Das Schöne zum Guten.»
Der folgende Text würde schwieriger. Hier galt es, sich den Gastgebern der beiden Spätsommer 1814/15 zu empfehlen, aber so wenig konkret, daß keine Begegnungshoffnungen geweckt würden. Es ging ihm da wie so oft nach besonders innigem Verhältnis, daß er um seine Freiheit fürchtete oder sich doch inzwischen so weit über die Beziehung hinaus wußte, daß eine Erneuerung zur Beschädigung hätte führen können. Die einstige Vertrautheit jedenfalls würde sich nimmer wieder herstellen lassen.
Er fühle sich, begann er, den «teuren Freunden» in Eger näher als in Weimar, denn der Ort liege ja auf demselben Breitengrad wie seine «liebe Vaterstadt». Dann berichtete er von seiner schweren Erkrankung im Frühjahr und von der dadurch nötig gewordenen Kur im Böhmischen. Das habe sich als höchst glücklicher Entschluß herausgestellt, denn der Brunnen hätte ihm gut getan: «Alles beruft mich wegen zusammenstimmender Freiheit des Geistes und Körpers.»
Musik habe bei der Gesundung eine große Rolle gespielt, denn insbesondere das Pianospiel der «lieblichsten» polnischen Virtuosin Maria Szymanowska habe «ganz Neues» in ihm «aufgeregt». Auch das eine Andeutung über seine «Verjüngung», bei der aber nicht nur die Macht der Töne gewirkt habe, sondern auch mancherlei Zerstreuung. Im Bade habe er eben viel Zeit gehabt «und Gelegenheit zum Erneuen älterer Verhältnisse, zum Anknüpfen neuerer, zum Suchen und Gesucht-werden, zu Unterhaltung, Vertraulichkeit, Neigung und was sich nicht alles durch einander flocht.» Deutlicher mochte er Marianne von Willemer ge-

genüber, der «Suleika» seines «West-östlichen Divans», lieber nicht werden.
Nach diesem Balanceakt zwischen Distanz und Hinwendung atmete Goethe auf. Das kurze Stück an Zauper würde dagegen ein Kinderspiel sein. Er dankte für die «Sendung» (gemeint war das Manuskript «Aphorismen moralischen und ästhetischen Inhalts, meist in Bezug auf Goethe») und die angefügten Mineralien. Es freue ihn, daß Zauper sich auch diesem Stoffe widmen wolle. Er werde das nicht bereuen, denn «die Natur, wenn wir sie recht zu fassen verstehen, spiegelt sich überall analog unserem Geiste; und wenn sie nur Tropen und Gleichnisse weckt, so ist schon viel gewonnen.»
Damit war John entlassen. Goethe hatte zwar noch einen Brief zu schreiben, den aber wollte er dann doch lieber selbst zu Papier bringen.

*

Was sollte er ihr schreiben? Sollte er ihr überhaupt oder überhaupt ihr schreiben? Nein, lieber der Mutter, da fände sich leichter der gehörige Ton. Also: «An Amalie von Levetzow.» Der Anfang fiel nicht schwer:
«Indem ich von Eger abzugehen mich bereite, lege ich ein Blatt vor mich hin, greife nach der Feder und finde sogleich, wie viel zu sagen, wie wenig auszusprechen ist.»
Problem benannt, Problem gebannt? Im Gegenteil: Das klare Eingeständnis des Konflikts zwischen Schreibwunsch und Schreibhemmung ließ letztere eher wachsen. Nach einigem Zögern sagte sich Goethe, am ehesten wäre wohl mit

einem Rückblick zu beginnen. Am Vergangenen war ja nichts zu ändern, und es konnte in ein Licht gerückt werden, das sacht aufs schwerer Auszusprechende hinführen und Anknüpfung erlauben würde. So am besten:
«Denken Sie sich, liebe, teure Freundin, die vergangnen mehreren Wochen, besonders aber die letzteren, so werden Sie jeden Tag von meiner Dankbarkeit durchwoben finden die ich jetzt einzeln weder ausdrößeln möchte noch könnte; ich schiebe daher alles Ihrem lieben Gemüte zu das wird an meiner Stelle das Beste tun.»
John hätte hinter «zu» natürlich ein Satzzeichen, vermutlich ein Semikolon, gesetzt. Goethe hielt sich damit nicht auf, obwohl er schon wieder innehielt. Natürlich würde die «teure Freundin» sich fragen, warum er ihr und nicht dem Gegenstand seiner Neigung seinen Dank bekundete. Wie sollte er das elegant begründen? Da ihm dazu nichts Rechtes einfiel, kam er einfach, ja fast abrupt zur Sache:
«Und wenn ich mich nun zu der Tochter wende», fuhr er fort, «so geht es mir ebenso; doch da sie selbst mit Worten nicht freigebig sein mag so verzeiht sie mir wohl wenn ich diesmal auch zurückhalte.»
Bitter, aber wahr. Ein klein wenig mehr Gedenken hätte er sich schon gewünscht, und die Entschuldigung, die er nun für Ulrikes Schweigen fand, klang nicht eben überzeugend, sondern setzte die Bitternis eher fort:
«Doch wenn mein Liebling (wofür zu gelten sie nun einmal nicht ablehnen kann) sich manchmal wiederholen will was sie auswendig weiß, das heißt das Innerste meiner Gesinnung, so wird sie sich alles besser sagen als ich in meinem jetzigen Zustand vermöchte.»
Genug geklagt, knurrte Goethe innerlich. Gewinnend war

das wahrlich nicht; er mußte eine leichtere Sprache finden, vielleicht sogar eine leicht ironische:
«Dabei, hoff ich, wird sie nicht ableugnen daß es eine hübsche Sache sei geliebt zu werden, wenn auch der Freund manchmal unbequem fallen möchte.»
Schon besser. Sie sollte nur nicht denken, daß er ihr gebrochenen Herzens nachweine oder gar sich sterbenskrank nach ihr verzehre. Nein, er war ganz obenauf, ja, das war er. Was er den Willemers geschrieben, paßte auch hier, obschon er es mehrdeutiger fassen und behutsam sehnsüchtig unterfüttern wollte:
«Alle Leute berufen mich über meine gesunde Heiterkeit, ich danke jedermann zum allerschönsten; denn ich hör es gern, da es mich an alle die Heilmittel erinnert durch die sie mir geworden ist. Sollte sie sich aufrecht erhalten, so bringe ich sie zur Quelle zurück, sollte sie sich verlieren, so weiß ich wo ich sie wieder finden könnte.»
Nun ließ er noch je einen herzlichen Absatz über und für die beiden Schwestern folgen, deren Namen ja auch auf seinem Kristallglas verewigt waren. Den Jüngeren gab er Tips fürs Verhalten in der Gesellschaft und für die Kunst des Vorlesens. Diese Ratschläge solle auch Ulrike beherzigen. Zwar entschuldigte er sich sogleich, daß er «aus der Ferne den Schulmeister mache», doch nutzte er das als Gelegenheit, nochmals auf die Liebste zu sprechen zu kommen:
«Möge bei solchen Übungen Ulrike meiner freundlich gedenken, sich an das Wenige was ich bemerkt habe mit Neigung erinnern, so wird in kurzer Zeit der Bedeutsamkeit ihres Vortrags, dem ihre natürliche Anmut soviel Gefälliges gibt, gewiß nichts abgehen.»

Mit dieser Vergegenwärtigung stand Goethe wieder ganz lebhaft das familiäre Beisammensein im Schein der Abendlampe vor Augen, und er mußte ganz einfach sagen, wie sehr er es geschätzt und nun vermisse:
«Und so wär ich denn doch wieder in dem lieben Kreise aus dem ich mich herauszuwinden trachtete, wieder am runden Tisch, zwischen Mutter und Tochter, den Schwestern gegenüber, in häuslicher Vertraulichkeit.»
Er zwang sich nun, ein Ende zu finden und begründete es damit, daß er nicht noch einen Bogen anfangen wolle, weil er sich sonst ins Uferlose verlöre. Also dankte er nochmals, ließ aber Worte folgen, die recht deutlich sagten, daß er noch immer Hoffnungen hegte:
«Auch der Tochter möcht ich noch sagen: daß ich sie immer lieber gewonnen, je mehr ich sie kennen gelernt; daß ich sie aber kenne und weiß was ihr gefällt und mißfällt, wünscht ich ihr persönlich zu beweisen, in Hoffnung glücklichen Gelingens. So am Ende wie am Anfang
treu anhänglich G.
Eger d. 9. Sept 1823»
Tags darauf tat es Goethe dann doch leid, daß der schwierige und doch so innige Brief bereits zu Ende sein sollte. Er hatte ja noch das kleine Gedicht für Ulrike, das neben dem großen entstanden war. Das durfte er wohl beilegen, ohne aufdringlich zu erscheinen. Er nahm daher ein kleines umrandetes Blatt mit Goldschnitt und schrieb die Verse darauf ab:

«Aus der Ferne
Am heißen Quell verbringst Du Deine Tage
Das regt mich auf zu innerm Zwist;

Denn wie ich Dich so ganz im Herzen trage
Begreif' ich nicht wie Du woanders bist.»

Und weil er schon einmal dabei war, die Sendung zu erweitern, fügte er noch ein weiteres derart zierliches Blatt bei und erklärte darauf:
«Näher betrachtet hätt ich denn doch besser getan noch einen Bogen anzufangen, denn gar mancherlei macht sich zum Abschluß nötig; oder vielmehr es ergibt sich daß man gar nicht abschließen kann.»
Prompt wurden noch zwei solche Zettel erforderlich für Gruß-Aufträge an gemeinsame Bekannte, darunter die Großeltern Ulrikes. Und schließlich legte er zwei weitere Goldschnittblätter bei. Auf dem ersten bat er um Nachricht über etwaige Reisepläne der Familie, wobei er zu verstehen gab, daß ihm vor allem an ständiger Unterrichtung über den Aufenthaltsort und erst in zweiter Linie an genauen Terminen gelegen war:
«Und nun noch einen Hauptpunkt! Inständigst bitte mich wissen zu lassen wenn Sie den Ort verändern und wohin. Was ich zunächst wünsche läßt sich leicht erraten.»
Das letzte «goldige» Blättchen dankte ein weiteres Mal für das Geschick, mit dem Frau von Levetzow und ihre Töchter seinen Geburtstag ausgestaltet hatten:
«Damit das Halbdutzend voll sei muß ich noch aussprechen daß die köstlichste Tasse, das holde Glas mich schon hier durch ihren Anblick erfreut nicht getröstet. Es war ein schöner Tag des öffentlichen Geheimnisses!»
Damit aber wirklich genug. Goethe siegelte das Schreiben, rief John und bat ihn, es ehest möglich nach Karlsbad expedieren zu lassen. Außerdem, das gelte insbesondere für

Stadelmann, könne umgehend mit dem Packen begonnen werden. Er wolle morgen recht früh aufbrechen.

*

Am vorletzten Tag in Eger war Goethes Kutsche aus Weimar eingetroffen, in der er die Rückfahrt nach Hause antreten wollte. Sohn August hatte ihm bei dieser Gelegenheit neueste Post mitgeschickt. Darunter war auch ein Brief Wilhelm von Humboldts, über dessen Bruder Alexander Goethe so ausgiebig mit Grüner gesprochen hatte. Eigentlich stand ihm Wilhelm noch näher, war dieser doch Philologe und Philosoph, also auf dem poetischen Feld zu Hause. Wilhelm war es auch gewesen, der Goethe in den 1790er Jahren bei der Arbeit an Epen und Balladen in Jena so wertvolle Hilfe geleistet hatte. Deswegen öffnete der Dichter den Umschlag auch mit besonderer Freude, kam doch von Humboldt immer Anregendes. Zunächst erhielt Goethe lediglich Nachricht darüber, daß der Freund in Bälde durch Weimar kommen und Gelegenheit nehmen werde, einige Tage bei ihm zu verweilen. Eine hochwillkommene Neuigkeit. Aber dann:

«Teurer Freund», hieß es da weiter, «ich habe bei meinem letzten Besuch in Jena von unserem guten Knebel Einblick in Ihren jugendlichen Versuch erhalten, das Hohelied Salomonis zu übersetzen, worüber ich nicht wenig erschrocken. Ich dachte bei mir trotz meiner grenzenlosen Verehrung Ihrer Kunst, daß es doch mehr als vermessen sein mußte, das Höchste bessern oder gar ersetzen zu wollen, was unsere Kultur hervorgebracht: Luthers Übersetzung der Heiligen Schrift. Das dünkte mich auch deswegen schier überkühn,

weil ich Ihre Bewunderung für den Gesang der Wittenbergisch Nachtigall kenne und oft und oft von Ihnen gehört habe, daß darüber niemals etwas werde gehen können.»
Der gute Humboldt, dachte Goethe, weiß er denn nicht, daß den jungen Dichter nichts mehr reizt als das Vollkommene? Ich war gerade Mitte zwanzig, als ich mich an den schönsten Text der Weltliteratur gemacht habe, und ich habe ja nicht gegen Luthers Übertragung arbeiten, sondern eigentlich nur das tun wollen, was der Reformator ebenfalls getan, wäre ihm Gelegenheit gegeben worden, ein Vierteljahrtausend nach seiner ersten Niederschrift diese zu revidieren und dem Geist der neuen Zeit anzupassen. Doch laß sehen, was der Freund bei näherem Hinschauen entdeckt hat, denn die bloße Tatsache der Übersetzung dürfte ihn kaum zu dieser Mitteilung getrieben haben. Goethe wandte den Bogen um und las weiter:
«Ich will Ihnen nicht verhehlen», schrieb Humboldt, «daß ich nicht in allem mit Ihrem Ton habe einverstanden sein können, gleichwohl aber bewundern mußte, mit welch sicherem Gespür Sie dort von Änderungen Abstand genommen haben, wo Luthers Worte selbst von himmlischen Redakteuren nicht reiner zu gestalten gewesen wären. Und bewundert habe ich auch, in welcher Weise Ihnen die Färbung des Lieds ins Heutzutagige geglückt ist. Ich könnte das und auch manche Kritik, die Sie inzwischen wohl zumeist selbst teilen, en détail belegen. Da aber das von mir besorgte Scheitern Ihrerseits letztlich gottlob doch ausgeblieben, möchte ich nur auf den Schluß Ihrer nicht zu Ende geführten Übersetzung (jedenfalls lag mir nichts Weiteres vor) zu sprechen kommen.»
Muß unbedingt daheim prüfen, überlegte Goethe, was

Humboldt mißfallen haben mag, oder besser noch, die fraglichen Stellen mit ihm besprechen. Er hat gewiß recht, daß ich heute anders und vermutlich sogar viel weniger ändern würde, da sich immer wieder herausstellt: Luthers Klang zieht magisch hinein ins Buch der Bücher, und selbst da, wo er vielleicht irrt, ist seine Lesart oft sogar besser als der Urtext. Wir wollen ja nicht so weit gehen anzunehmen, daß dieser vom Herrn selbst verfaßt und den Propheten, Psalmisten und Aposteln sozusagen mit Donnerwort diktiert worden ist. Nun, Freund Humboldt, um welche Zeilen geht es?

«Bei Luther heißt es», schrieb Humboldt, «im achten Abschnitt, Vers sieben: ‹Wenn einer alles Gut in seinem Hause um die Liebe geben wollte, so könnte das alles nicht genügen.› Was macht Goethe daraus? ‹Böt einer all sein Hab und Gut um Liebe, man spottete nur sein!›»

Humboldts Schrift verschwamm. Tränen trübten den Blick des Lesenden. Gelungenes ergriff ihn stets. Er wischte sich die Augen. Ob dies auch Humboldts Beifall gefunden hatte? Er las weiter:

«Zwar hat es ein Zweiter immer leichter, weil er auf dem Ersten aufbauen kann. Doch hier schweigt selbst solcher Einwand. Ihre Fassung ist kürzer, packender und ganz und gar durchtränkt von der Macht der Liebe, die nimmer aufhöret. Bitte verübeln Sie es Knebeln nicht, daß er mich hat Einblick nehmen lassen. Er hat mir damit ein Geschenk aus einer Zeit gemacht, in der wir einander noch nicht kennen konnten. Es ist mir unendlich wert wie unsere Freundschaft selbst. Treu anhänglich Humboldt.»

*

Augusts Sendung enthielt auch einige Exemplare der gerade fertigen Hefte 1 und 2 des vierten Bandes von Goethes Zeitschrift «Über Kunst und Altertum». Den Briefen an Schultz und Zauper hatte Goethe Belege beigefügt, und auch Freund Grüner erhielt je ein Stück der beiden Nummern. Das Magazin erschien seit 1816 und diente Goethe als programmatisches Organ gegen romantische Bestrebungen in der Kunst und für eine unverrückbare Orientierung an der Antike. Im zweiten Heft des vierten Bandes hatte er dafür die gereimte Formel gefunden:

«‹Was ist denn Kunst und Altertum
Was Altertum und Kunst?›
Genug das eine hat den Ruhm,
Das andre hat die Gunst.»

Rat Grüner, der am späteren Abend noch ein letztes Mal bei Goethe vorsprach, hatte bereits im Heft gelesen und lobte den «artigen Vers» mit heiteren Worten.
«Ich hoffe», entgegnete ihm darauf Goethe, «daß die Leute begreifen: Zum wahren Genuß gehört beides, und nur der wird zu reifer Schilderung der Welt kommen, der die reinen Maßstäbe der Alten nicht mißachtet.»
«Zu meinem Erstaunen», versetzte der Freund, «lese ich, daß Sie in gewissem Sinn nun auch unsere direkten Ahnen zu den Alten zu rechnen geneigt sind.»
«Sie sprechen gewiß vom Aufsatz über den Dom zu Köln und die deutsche Baukunst?» fragte Goethe.
«Ja, Exzellenz. Er hat mir großen Eindruck gemacht, vor allem weil ich meinte, Sie gewönnen diesem Stil gewöhnlich nur wenig ab, wo Sie ihn nicht gar ganz ablehnen.»

«Bei allem Bedeutenden oder doch Großen», erklärte Goethe, «verweilt der Betrachter, ohne daß ihn gleiche Neigung erfüllen muß. So haben Sie es hier mit einem Freundschaftsdienst für den rührigen Handelsmann Boisserée zu tun, dem ich meine Unterstützung beim Bemühen um den Weiterbau des Doms versprochen habe. Vorbehalte konnte und wollte ich da nur sehr allgemein anklingen lassen, etwa in der Weise, daß der heutige Torso geeignet sei, die Phantasie des Betrachters zu entzügeln und solcherart fehlzuleiten.»

Grüner aber insistierte und meinte, es spreche aus Goethes Text auch für die Sache selbst einige Sympathie. Er belege ja ausführlich, wie fleißig er sich mit Grundrissen, Proportionen und Plänen beschäftigt habe. Ein wenig von der Begeisterung, mit der er ein halbes Jahrhundert zuvor das Straßburger Münster – übrigens unter der gleichen Überschrift – abgeschildert, ja gepriesen habe, sei immer noch merklich.

«Sie sind ein scharfer Beobachter und ein guter Leser, lieber Grüner», nickte Goethe. «In der Tat hat mich meine einstige Überwältigung durch die Kunst des Erwin von Steinbach ein wenig wieder berührt. Doch eher im persönlichen Sinn. Die im Süden gereiften Anschauungen sind dadurch nicht ins Wanken geraten.»

Grüner wandte ein, daß er, Goethe, doch ganz deutlich die Empfehlung ausspreche, das Publikum möge sich mit dieser deutschen Baukunst intensiv beschäftigen und die darum sich kümmernden Kenner fördern. Denn, so schreibe er wörtlich, es sei hohe Zeit dafür, «wenn für uns und unsere Nachkommen ein vollständiger Begriff hervorgehen soll».

«Oho», lachte Goethe, «Sie wollen wohl den alten notorischen Hellenenfreund mit den eigenen Worten romantisieren. Nein, daraus wird nichts. Da Sie so genau lesen, haben Sie nicht überhören können, wie hier alle meine positiven Anmerkungen auf angestrengtem Nachdenken und umfassender Unterrichtung basieren. Zuneigung, wie sie die Monumente der Griechen wecken, bedarf dieses Vehikels nicht. Sie lebt bereits, ehe nähere Kenntnis gewachsen ist. Hier aber hatte ich vor dem inneren Auge erst mit Hilfe von zeichnerischen Ergänzungen einen ganzen Eindruck zu gewinnen. Zu Ende geführt ist ja nur der Chor, in Teilen errichtet sind Quer- und Langschiff, der eine Turm zeigt sich nur als Sockel, der andere reicht gerade bis zum Glockenstuhl.»
«Pardon, Exzellenz», beteuerte Grüner. «Es lag mir fern, Sie fürs gotische Dämmerlicht und himmelhohe Kreuzgewölbe gewinnen zu wollen. Und ich habe durchaus die Zwiespältigkeit herausgehört, die Sie angesichts dieses von der Zeit schon in Teilen zurückgenommenen Turms zu Babel an den Ufern des Rheins empfunden. So haben Sie die Ruine, wenn ich mich richtig entsinne, einmal genannt.»
«Ganz recht. Ich habe diesen ungeheuren schlafenden Bau sogar ein ‹Märchen› geheißen, denn da mögen allerhand Untote hausen, wenn die Nacht einfällt. Mir geht es weniger um ein Deutsches, das man dem Griechischen an die Seite stellen könnte, als vielmehr um die Förderung der verständigen Männer, welche die Vollendung des Doms als hohen Auftrag oder gar als Auftrag des Höchsten fühlen. Ich werde es nicht mehr erleben, daß die Türme emporwachsen. Doch mag ich nicht ausschließen, daß mich das in gan-

zer Wucht ausgeführte Gotteshaus wieder so tief ergriffe wie einst das Münster den bildsamen Jüngling.»
Als Grüner gegangen war, sann Goethe noch lange über die Seltsamkeit nach, daß ihn damals das gotische Gotteshaus in eine frühe Liebe begleitet hatte. Jetzt begleitete eine gotische Ruine die späte Herzensverwirrung. Ich glaube, dachte er schließlich, ich sehe bereits die eben berufenen Gespenster. Er straffte sich, bat John noch zum Diktat und ließ ihn einige knappe Bemerkungen zum Tag notieren:
«Kam Bergmeister Lößl von Elbogen; verehrte sehr schöne böhmische Stufen. Speiste bei mir mit Rat Grüner. Hauptgespräch Geognosie und Mineralogie von Böhmen. War in der Apotheke mit John, nach dem Barometer zu sehen. Nachts Rat Grüner. Mit demselben noch seinen Mineralientausch und sonstige Unternehmungen.»
«So, John, das reicht für heute. Bitte besorgt noch den Brief und ruht Euch aus für morgen.»
«Gute Nacht, Herr Geheimrat.» John ging.
Goethe legte für den Abreisemorgen alles Nötige bereit und begab sich zu Bett.

*

Mit dem zeitigen Aufbruch aber wurde es nichts, da doch noch vieles nicht verstaut war, als sich Goethe gegen sieben Uhr in der Früh nach dem Wagen erkundigte. Stadelmann erklärte das Säumen damit, daß die Chaise von der Herfahrt ziemlich mitgenommen gewesen sei und neu abgeschmiert und gerichtet werden mußte. Auch das, dachte Goethe, wäre ja gestern ein Leichtes gewesen bei einigem guten Willen. Laut sagte er zu seinem Diener:

«Er sieht ja ganz übernächtigt aus, Stadelmann. Und die Augen sind rotgerändert. Ist Ihm nicht wohl?»
«Verzeihung, Herr Geheimrat. Ich habe gestern mit den Leuten vom Haus in der Küche gesessen, wo der Herd gar gräßlich gequalmt.»
«Verstehe», sagte Goethe grollend. «Das macht durstig. Das böhmische Bier genießt zudem den besten Ruf. Da ist die Beherrschung schnell dahin.»
«Nochmals um Nachsicht, Herr Geheimrat!» sagte Stadelmann unsicher. «Da war ein Geburtstag, und da mochte ich nicht ablehnen. Es waren nur wenige Gläschen.»
«Schon gut, Stadelmann. Halt Er sich nun ran und sorge Er dafür, daß ich nicht wieder Grund zur Mahnung habe. Er findet mich in der Gaststube.»
Im Grunde konnte er dem treuen Menschen nicht im Ernst zürnen. Als zu nützlich erwies sich der gelernte und gelehrige Buchdrucker immer wieder. Obendrein zeigte er sich äußerst geschickt auf Bergtouren und nahm auch selbst mit kluger Übersicht Gesteinsproben. Und was die Versorgung seines Herrn mit Annehmlichkeiten, Nahrung, Kleidung und Unterkunft anging, ließ sich Stadelmann von niemandem übertreffen.
Gerade wegen dieser Vorzüge machte Goethe sich nun Sorgen, denn in letzter Zeit kamen doch mehr Unregelmäßigkeiten vor als zuträglich. Dabei war Stadelmann bis vor kurzem die Zuverlässigkeit und Pünktlichkeit in Person gewesen. Die Neigung zum nicht mehr nur abendlichen Trunk stimmte jedoch sehr bedenklich, zumal auch Findigkeit, Ausdauer und Gelassenheit, die ihn sonst besonders ausgezeichnet, vermehrt Schaden zu nehmen schienen.
Goethe beschloß, den Sohn um schärfere Aufsicht zu bit-

ten. Umgekehrt wäre es auch nicht verkehrt, dachte er sogleich in dem Bewußtsein, daß auch August den Verlockungen des Weines nicht in gewünschter Weise gewachsen war. Hatte er den damals erst 18jährigen nicht schon vor anderthalb Jahrzehnten in einem Brief aus Böhmen vor dem Weintrinken gewarnt, das mehr, als man glaube, einem besonnenen, heitern und tätigen Leben entgegenwirke? Vielleicht würde Stadelmanns abschreckendes Beispiel August die Augen öffnen.

Und er selbst? Trinke ich nicht ebenso gern, fragte sich Goethe, und manchmal auch über das Maß hinaus? Gewiß, aber darüber habe ich doch nie etwas versäumt, im Gegenteil: Manche Idee verdanke ich dem vom Wein beschleunigten und befeuerten Gedankenflug. Außerdem: Der «Götterfunke», wie Schiller die Freude genannt, gewinnt durch Wein noch an Strahlkraft, stiftet mit seiner Hilfe Freundschaften und erneuert ermüdete Bindungen. Wie anders fließt doch das Gespräch bei der Tafel oder unter der späten Lampe dahin, wenn die Zunge von einem guten Roten gelöst ist und die Welt in freundliche Farben getaucht! Ja, der Wein kann durchaus produktiv sein und produktiv machen. Aber es kommt dabei eben alles auf Zustände und Zeit und Stunde an, und was dem einen nützt, schadet dem andern.

Jetzt war es natürlich noch viel zu früh für ein solch geistiges Getränk. Doch Goethe freute sich bereits auf einen guten Tropfen in Asch, das man ja trotz der Verspätung um die Mittagszeit erreichen würde. Leider dürfte die Pause nun etwas kürzer ausfallen, wenn er noch bei guter Zeit in die Stadt Hof gelangen und nicht zu sehr in die Dunkelheit geraten wollte. Mit Ungeduld wartete er daher darauf, daß

Stadelmann mit dem Packen zustande käme. Grüner, der sich zu verabschieden gekommen war, wußte Goethe aber durch allerlei Mineralogisches so geschickt abzulenken, daß dieser es dann fast bedauerte, als der Diener kurz vor neun Uhr den Wagen bereit meldete.
Man schied nun eilig von einander, nicht ohne ein baldiges Wiedersehen zu beschwören, wobei Goethe Grüner dringlich zu einem Besuch in Weimar aufforderte. Ob der Freund darin einen versteckten Hinweis auf den wohl endgültigen Abschied aus Böhmen erkannte, war seiner freundlichen Miene nicht zu entnehmen. Der Wagen zog an. Räder und Hufschlag übertönten das letzte herzliche Lebewohl.

Pößneck

Die waldige Hügellandschaft im äußersten Nordwestböhmen ist so reich an Abwechslungen, daß Goethe während der Fahrt zunächst mit Schauen vollauf beschäftigt war, obwohl oder genauer: weil er die Gegend so gut kannte. Neuentdecken wird durch begleitendes Wiedererkennen erst zum rechten Genuß. Nach einer Stunde erreichte sein Wagen Franzensbad, wohin er in früheren Jahren zuweilen zu Tagesausflügen von Eger herüber gekommen und wo er 1808 zweimal regulärer Kurgast gewesen war. Er schätzte den dortigen Brunnen sehr und bezog von hier «Egerwasser» nach Weimar zur heimischen Fortsetzung der Trinkkuren auch im Winter. Heute ließ er entgegen seiner sonstigen Gewohnheit nicht halten, damit nicht noch mehr Zeit versäumt werde.

Daher rollte er bereits kurz nach dem Glockenschlag Zwölf in Asch ein, einem sauberen, wenn auch nicht eben reichen Städtchen, und stieg wenig später am Gasthof Zur Post aus, der von Postmeister Langheinrich bewirtschaftet wurde. Er hieß den hohen Gast auf seine derb-freundliche Art als alten Bekannten herzlich willkommen und drückte sein Bedauern darüber aus, daß dieser so bald weiter wollte. Im übrigen werde der Dichter Anton Fürnstein in Kürze seine Aufwartung machen; er habe seit Tagen ungeduldig nach

Goethes Ankunft gefragt, der ihm einen so ehrenden Auftrag gegeben habe. Um was es gehe, habe der seltsame Kauz aus Falkenau aber um keinen Preis verraten wollen.
Goethe lächelte: «Dann darf ich darüber wohl auch nicht sprechen. Wir wollen Fürnstein fragen, ob er sich doch mitteilen möchte, wenn ich ihn darum bitte.»
«Nun, Exzellenz, man hat ja auch seine Bildung und seinen Kopf nicht bloß zum Huttragen. Wenn Sie einem so kleinen Licht wie Fürnstein etwas aufgegeben haben, dann wird sich's schon um etwas Gereimtes handeln, denke ich mir. Er ist ja unser selbst ernannter Naturdichter.»
«Abwarten, lieber Langheinrich. Ich bin nur der Besteller, nicht der Lieferant.»
Der Postmeister verzog sich in die Küche und gab dort Goethes Speisewünsche weiter. Goethe befand sich allein in der Stube, doch kam immer wieder jemand wie geschäftig herein, grüßte und entfernte sich. Zwar war der Geheimrat hier schon öfter eingekehrt, doch wollte jeder einen Blick auf ihn erhaschen. Berühmtheiten wie er kamen nicht eben häufig durch die Stadt.
Er hatte kaum sein Mahl beendet, als ihm Fürnstein gemeldet wurde. Eintrat hinkend und scheu ein körperlich stark von Gicht behinderter Enddreißiger, den Goethe aufmunternd kollegial begrüßte:
«Seid mir willkommen, lieber Fürnstein. Sind's acht, sind's zehn Wochen, daß wir miteinander sprachen? Ich höre, Ihr habt bereits nach mir gefragt.»
«Die Ungeduld, Herrn Geheimrat etwas zeigen zu können, das hoffentlich selbst Sie billigen können, trieb mich», sagte der schüchtern näherkommende Mann. Er setzte sich auf die Kante des angebotenen Stuhls und zog aus seiner

Tasche mit linkischem Griff ein Heft sowie ein kleines Blatt, das er zur Seite legte. Das Heft übergab er Goethe: «Es hat mir viel Freude gemacht, der Anregung Eurer Exzellenz zu folgen und den Hopfenanbau mit einem Lied zu besingen und die Arbeit daran zu preisen.»
Goethe schaute nur kurz in das Heft, las ein paar Zeilen und sagte: «Wie erwartet eine der soliden Arbeiten, die wir von Euch kennen. Ich nenne derartige Gedichte gern die aufsteigenden. Sie schweben noch am Boden, verlassen ihn nicht, gleiten aber sanft darüber hin. Bitte versteht dennoch, wenn ich dieses neue Lied erst daheim genauer würdige. Hier auf der Station fehlt mir dazu die Ruhe.»
«Selbstverständlich, Exzellenz. Vielleicht haben Sie noch einen weiteren Wunsch. Ich wäre überglücklich, wenn ich noch etwas beisteuern dürfte.»
«Wie wär's», fragte Goethe, «mit einem Weberlied? Ihr seid vertraut mit dem Milieu durch Eure Geschwister, die das polternde Gewerbe ausüben. Ich zweifle nicht, daß Euch ein poetisches Porträt gelingen wird, denn ihr habt von Jugend auf unter solchen Leuten gelebt und kennt den Gegenstand durch und durch. Daher werdet Ihr Herr Eures Stoffes sein. Aber, wie ich sehe, habt Ihr noch etwas mitgebracht, oder ist das Blatt dort nicht für meine Augen bestimmt?»
«Doch, ganz ausdrücklich. Herr Geheimrat haben mir ja geraten, statt meiner langen – Sie meinten hoffentlich nicht langatmigen – Naturdichtungen, wie es auch das Hopfenlied wieder ist, einmal etwas kurzes Gefühltes zu versuchen. Das wollte mir zunächst nicht glücken, doch dann fiel mir ein, daß ich von der Großmutter noch zierlich geschmückte uralte Verslein hinter Glas besitze, an denen

ich seit Kindertagen herumgerätselt. Was ich ausgesucht, ist wohl ein Liebeslied, so weit ich das vergilbte Papier und die altertümlich geschnörkelten Zeilen zu entziffern vermochte. Leider konnte ich das schwer gerahmte Stück nicht mitbringen. Ich habe aber eine zeitgemäße Fassung herzustellen und in Reime zu bringen versucht. Sie hat selbst mich alten Kerl bewegt, ob ich gleich nicht weiß, inwieweit ich die originale Aussage getroffen habe.»

Er wollte Goethe das Blatt reichen, doch der wehrte ab und forderte Fürnstein auf:

«Bitte lest Ihr es. Gedichte gehören gesprochen, und weil Ihr sicher viel darüber gesonnen, werdet Ihr es besser zum Klingen bringen als jeder andere. Und was die angebliche Langatmigkeit angeht, die ich Euren Produktionen unterstellt haben könnte, so habt Ihr Euch meinen Rat zum Vorwurf umgefälscht. Nein, mir ging es mehr um die Übung der Präzision, die bei zu großer Breite leicht leidet. Doch nun nehmt einen Schluck vom Wasser und lest.»

Fürnstein trank und trug, fast ohne aufs Blatt zu sehen, drei schmucklose Strophen vor:

«Nachts ist ein Schnee gefallen
Und ist doch gar nit Zeit,
Man wirft mich mit den Ballen,
Mir ist der Weg verschneit.

Mein Haus hat keine Ziegel,
Es ist mir worden alt,
Zerbrochen sind die Riegel,
Das Stübchen ist mir kalt.

Ach Lieb, daß Dich's erbarme,
Daß ich so elend bin!
O schließ mich in Dein' Arme!
So fährt der Winter hin.»

Die Sprechmelodie des Rezitators hatte gegen Ende mehrmals geschwankt. Und Goethe, der zunächst mit recht heiteren, ja beinahe spöttischen Zügen gelauscht hatte, war Zeile um Zeile ernster geworden, die Augen wurden ihm zuletzt feucht. Er saß einen Moment schweigend. Dann beugte er sich vor und gab Fürnstein anerkennend die Hand:
«Alle Achtung, mein Freund, schlicht gereimt und doch wohltuend. Ihr habt den Volksliedton sehr schön angestimmt. Unsereins übte sich wohl auch darin zu den Zeiten des ‹Heidenrösleins›.»
«Solche Muster haben mich nicht wenig ermuntert und mich hoffen lassen, daß mein kleines Stück nicht allzu kritisch aufgenommen werde.»
«Ihr seht», versetzte Goethe, «Ihr habt Euch nicht verrechnet. Euer Text könnte gut aus ‹Des Knaben Wunderhorn› stammen, eine Sammlung, die mir Arnim und Brentano seinerzeit dediziert haben. Nur laßt mich eins gestehen: Den Anfang fand ich zunächst gar seltsam, ja ein wenig ungelenk, insonderheit das Bild von den Schneeballen. Dann aber habe ich auch das verstanden: Ihr habt es wohl nicht so leicht hier. Man verlacht den Schreiber als Sonderling, schneidet ihn oder greift ihn an. Laßt Euch nicht beirren. Ob Ihr die Meinung des Originals getroffen oder nicht, Ihr habt den inneren Ton, Ihr habt Euer Gefühl getroffen. Da schweigt jede Kritik.»
«Exzellenz sind zu gütig, und daß ich es nur meinerseits ge-

stehe: Ich habe die Vorlage mir ein wenig anverwandelt, weil sie mir je länger, desto mehr über die Zeiten hinweg von mir zu sprechen schien.»

«Das hat dem Alten die Frische gegeben», nickte Goethe. «Und den Herzensklang. Er besiegt selbst die Unbilden der dunklen Jahreszeit und den Hohn der Welt.»

Goethe geleitete den Besucher höflich zur Tür, denn die Zeit drängte schon wieder. Er versprach baldige Nachricht über das Hopfenlied und bei Gefallen einen Abdruck des Textes in einem geeigneten Journal. «Und grüßt mir Euer Lieb», sagte er lächelnd an der Tür. Ein schmerzliches Zucken um die Mundwinkel war unübersehbar.

Damit war Fürnstein verabschiedet, der sich mit tausend Dank zurückzog. Langheinrich trat ein. Er hatte anscheinend mit wenig Erfolg zu lauschen versucht. Die Neugier stand ihm jedenfalls ins Gesicht geschrieben, als er seinen Gast wie beiläufig fragte:

«Nun, Exzellenz, was hatte denn unser seltsamer Fürnstein so Weltbewegendes mitzuteilen?»

«Laßt gut sein, Postmeister. Euer Naturdichter, wie Ihr sagt, möchte nicht, daß darüber gesprochen wird. Nur soviel darf ich verraten: Es war in hohem Maße das, was Ihr ‹bewegend› geheißen habt.»

*

Das schlichte volksliedartige Gedicht beschäftigte Goethe noch, als er gegen drei Uhr von Asch Richtung Hof abfuhr. Bayerischen Boden erreichte er in Rehau, einem 3000-Seelen-Städtchen, ehemals berühmt für seine Perlenfischerei im Fluß Schweßnitz. Ein wenig Perlenfischer ist immer auch der Dichter, dachte Goethe, wobei die schlichteren Funde nicht die schlechteren sein müssen. Der verhuschte Fürnstein hat nicht viele Worte und schon gar keine hochtrabenden gemacht und doch ein innig Lied hervorgebracht. Fast geht's mir ähnlich mit den Leuten und den Schneeballen; greise Freier sind anstößig. Und dennoch: Für mich kann das bescheidene Lied kein Muster sein, ich brauche höheren Ton und das Individuelle als überindividuellen exemplarischen Stoff.

Goethe nahm wieder den Schreib-Calender vor, blätterte bis zum April, auf dessen Vorderseite der Vers stand:

«Nur weiss von sich wenn Sie sich offenbaret»

Die Strophe hatte er ja gleich in Eger bei der Abschrift geendigt. Er wollte daher auf der Rückseite dieses Monats fortfahren mit den Worten:

«An lieblichem mir zugewend ...»

Nein, davon nun genug. Goethe durchstrich den Ansatz nicht und schlug die nächste Seite auf, obwohl auf dem Aprilblatt durchaus noch Platz gewesen wäre. Neuer Gedanke braucht neuen Raum, dachte er, und der Mai, machte der nicht alles neu? Er fühlte wieder die Verjüngung, die er verspürt, als er mit den «Töchtern» getanzt und schließlich beschlossen hatte, sich noch einmal an Jugend zu binden. Ja, das war gründlich gescheitert, aber es war doch einmal wahr und es sollte auch wahr sein im Gedicht. Er begann frisch, aber besonnen:

«Die Fähigkeit zu lieben, das Bedürfen
Von Gegenliebe waren fast verschwund ...»

Hier unterbrach er kurz. Ja, Gegenliebe muß nicht am Anfang stehen, Beieinandersein ist schon viel. Ohne das letzte Wort zu beenden, fuhr er fort:

«Die Hoffnungs Lust zu freudigen Entwürfen
Entschlüssen frischer ...» Nein, besser: «rascher That ist»
– das Blatt war voll, der Reim kam auf die Rückseite:
«... neu gefunden
Und wie sie je den Liebenden begeistet
Hat liebe – an mir geleistet»
Auf das fehlende Stück kam es ihm jetzt noch nicht so sehr an, die Reimklammer ging vor und wurde schon mal notiert. Das Verbindende fände sich bei der Abschrift leicht, bei der auch manche Holprigkeiten zu beseitigen sein würden. Die Strophe war unfertiger als manche vorangegangene, doch der Keim war gelegt. Goethe hakte die Zeilen als gelungen für die Reinschrift mit entschlossen schrägem Strich ab.

Der Tag ging zur Neige, was ihm sehr recht war. So blieb ihm für heute der Anblick der Verwüstungen erspart, die von der Feuersbrunst in Hof angerichtet worden sein mochten. Er fuhr bei einbrechender Dunkelheit in die unversehrte Vorstadt ein und nahm Quartier im Hirschen, den er unbeschädigt, ja glücklich neu eingerichtet fand. Er überließ Wagen und Gepäck Stadelmann, machte sich auf seinem Zimmer ein wenig frisch und betrat dann die Gaststube.

*

Alle Augen im vollbesetzten Raum wandten sich zur Tür. Und wie so oft erhoben sich viele ehrerbietig zur Begrüßung, obschon wohl kaum jemand wußte, wer es war, der da so aufrecht und groß blickend hereinkam. Vielleicht allerdings hatte der Wirt etwas verlauten lassen, der schon am Wagen diensteifrig behilflich gewesen war. Er führte

Goethe nun an einen freigehaltenen Tisch in einer etwas sichtgeschützten Ecke und bat um einen Augenblick Geduld. Seine Schwester werde Seiner Exzellenz sogleich aufwarten.
Goethe sah sich im einfach möblierten, aber peinlich sauberen Raum um und taxierte die Gäste, die alle in lebhaftes Gespräch vertieft waren. Vermutlich ging es wie überall in diesen Tagen um den furchtbaren Brand vor einer Woche, von dem er in Zwodau erfahren hatte. Als sich daher die anmutige Wirtsschwester nach seinen Befehlen erkundigte, fragte er zunächst, ob jemand anwesend sei, der ihm Genaueres über die Katastrophe berichten könne. Ja, erfuhr er, der Pastor der Unglückskirche St. Michaelis sitze mit dem Hauptlehrer wenige Tische weiter. Goethe bat, vorgestellt zu werden. Doch die junge Frau wandte ein, daß es wohl eher anginge, wenn er die Herren an seinen Tisch bitten lasse. Er sitze besser abgeschirmt und sei zudem der weit Höhergestellte.
Goethe willigte lächelnd ein, und nur Augenblicke danach verbeugten sich die beiden Herren vor ihm. Obwohl sie keinerlei Amtsabzeichen trugen, sondern ganz zivil waren, erkannte Goethe sofort, wer welchem Beruf nachging. Er hatte dafür einen Blick entwickelt, seit er vor Jahrzehnten an den Physiognomien des einstigen Schweizer Freundes Lavater teilgenommen hatte. Ehe daher einer der beiden sich vorstellen konnte, begrüßte Goethe den Pastor und freute sich an dessen Erstaunen. Dann bat er auch den Lehrer, ohne Umstände Platz zu nehmen.
Woher Exzellenz denn wüßten, daß er und nicht der Begleiter Geistlicher sei, fragte Hochwürden immer noch verwundert.

«Habt Ihr schon einmal von Eurem reformierten Kollegen Lavater aus Zürich gehört?» stellte Goethe die Gegenfrage.
«O ja!» beeilte sich der Pastor zu versichern. «Doch so recht zu glauben habe ich es nie vermocht, daß man an den bloßen Gesichtszügen zuverlässig den Mitmenschen einzuschätzen in der Lage sein soll.»
«Nun nun, Eure Zweifel ehren Euch, denn zu einer Wissenschaft im strengen Sinn läßt sich Menschenkenntnis wohl doch nicht entwickeln. Gestattet, daß ich dazu eine kleine Anekdote beisteuere», setzte Goethe behaglich hinzu. «Lavater fuhr einmal mit der Post und unterhielt sich angeregt mit einem ihm fremden Mitreisenden über seine Lehre. Der war ebenso ungläubig wie Ihr und schlug dem Prediger schließlich vor, er möge doch einmal seine hervorstechenden Eigenschaften bezeichnen. Lavater besah sich den Kandidaten einige Zeit genau und verkündete nach dieser eingehenden Prüfung, Sanftmut und Barmherzigkeit seien dessen Hauptcharakteristika. Der also Gewürdigte darauf trocken: ‹Gestatten, Scharfrichter Frank von Schaffhausen.›»
«Zuviel Selbstgewißheit», lachte der Lehrer, «verdient wohl einen Dämpfer.»
«Es freut mich, meine Herren», lenkte Goethe nun das Gespräch in die eigentliche Richtung, «daß Sie noch lachen können nach allem, was Sie durchgemacht haben. Hochwürden, Ihr müßt Euch ja noch im Schockzustand befinden.»
«Ja», wurde der Pastor sofort wieder ernst. «Der entsetzliche Tod meines Türmerehepaars nimmt mich am meisten mit. Aber auch das Elend meiner Schäfchen raubt mir den Schlaf. Für ihre Häuser, immerhin dreihundert an der Zahl

und mindestens genauso viele Nebengebäude, gibt es für viele kaum Ausgleich. Für die verlorenen beweglichen Sachen kommt überhaupt keine Assekuranz auf. Der Landesherr hat Hilfe angekündigt. Aber der Winter ist nah, und nichts arbeitet langsamer als die Mühlen der Verwaltung. Nein, wir sind selbst gefordert. Hier heißt es: Einer trage des anderen Last.»

«Deswegen, Euer Exzellenz», sagte der Lehrer, «bitten wir um Verständnis, wenn wir nicht verweilen können. Der Morgen muß uns alle auf dem Posten sehen.»

«Gewiß, und ich will die Hilfeleistung auch in keiner Weise hemmen», erwiderte Goethe. «Nur einige Auskünfte wären mir denn doch noch lieb. Darf ich Sie zum Dank zu einem Glas des hiesigen Weißen einladen?»

Ob nun die Aussicht auf den edlen Tropfen den Ausschlag gab oder der Respekt vor Goethe – genug, die Herren blieben, und der Lehrer berichtete bereitwillig, wie sich nach momentanem Kenntnisstand das Unglück habe ereignen und solche Ausmaße habe annehmen können: In einem Haus an einer zum Ortskern führenden Straße im Westen habe der Dachstuhl Feuer gefangen, was vielleicht von unachtsamem Umgang mit einem Herd herrühren mochte. Bei scharfem Westwind habe der Funkenflug sofort Nahrung gefunden.

«Die Feuerglocke ward nicht gleich bemerkt wegen des Lärms an diesem Markttag. Der Brand lief eilig die Straßen hindurch, sich selber in einem Schloteffekt die Zugluft erzeugend, vom Wind noch stark angetrieben. Es brannten die Scheunen voll reich gesammelter Ernte, und viele Straßenzüge standen bald bis zum Markt in Flammen. Aller entschlossener Wassereinsatz konnte immer neues Überspringen auf weitere Gebäude letztlich nicht hindern.»

«Ich habe mir schon vor Jahrzehnten Gedanken über geeignete Feuerordnungen für größere Orte wie mein Weimar gemacht», sagte Goethe. «Was war denn hier im schönen Hof an Vorsorge getroffen?»

«Mehr», versetzte der Lehrer, «als vielerorts, möchte ich sagen. Unsere neun Wehren haben Feuerspritzen mit abgedichteten Hanfschläuchen, drei Dutzend bespannte Sturmfässer oder Bottich-Fahrzeuge, einige hundert Eimer für Löschketten, vierzig Leitern. Unsere Handwerkszünfte üben und organisieren den Einsatz. Zwar wurden auch umgehend alle Wehren alarmiert, doch sie konnten nicht in voller Mannschaftsstärke anrücken, weil viele fehlten, die in letzter Minute erst ihr eigen Hab und Gut retten wollten. Sie fehlten nicht nur, sondern sie behinderten mit anderen noch die Löscharbeiten durch ihr Vieh, das sie auf die Straßen trieben, und durch Wagen, auf denen sie ihre Habseligkeiten fortzuschaffen bemüht waren. Müßige Gaffer gab es obendrein.»

«Und obwohl auch die Sachsen aus Adorf und aus anderen Gemeinden zur Hilfe eilten», ergänzte der Pastor, «so richteten ihr Mut und ihre Opferbereitschaft doch nur noch wenig aus. Im Gedränge kamen sie allzu oft zu spät zu den, so muß man buchstäblich sagen, Brennpunkten.»

«Warum», wollte Goethe wissen, «hat man nicht Schneisen gesprengt und damit der gefräßigen Feuerwalze ein baldiges Ziel gesetzt?»

«Exzellenz fragen berechtigterweise», räumte der Lehrer ein, «und der Gedanke kam auch auf, obschon sehr spät. Man verwarf ihn wieder aus Sorge vor Entschädigungsfor-

derungen der Hauseigner. Im nachhinein widersinnig, denn nun ist keinem etwas geblieben.»
Goethe dankte den Herren für ihre Auskünfte, verabschiedete sie und beschloß, morgen die Stadt zu umfahren. Nach den Schilderungen wollte er sich den rauchenden Trümmerhaufen möglichst nicht aussetzen.

*

Auf demselben Weg, wie er gekommen war, ließ Goethe den Wagen wieder aus Hof hinaus fahren und in weitem Bogen nach Norden einschwenken. Ganz konnte er damit dem Anblick der verwüsteten Stadt nicht entgehen, denn die Kirchtürme ragten geborsten gen Himmel und Rauch quoll da und dort noch immer aus den Schutthaufen und ließ Brandgeruch über die Saale herüberwehen. Erst nach einigen Kilometern erinnerte nichts mehr an die schwer heimgesuchte Stadt. In Gefell, wo Goethe gegen neun Uhr anlangte, hielt man kurz zum Pferdewechsel, ehe es Richtung Schleiz weiter ging. Die Stunden bis dorthin, ins liebliche Tal der Wiesenta, einem Zufluß der Saale, wollte Goethe für das Gedicht nutzen und vor allem Unfertiges abrunden. Er griff zum Schreib-Calender. Auf der Rückseite des Dezembers hatte er eine nur halb ausgeführte Strophe notiert, die er nun vollenden wollte. Er hatte das abschließende Verspaar:
«Wohl gäbs ein Kraut des Körpers Quaal zu stillen
Allein dem fehlt am entschlossn Willen»
Das war zwar auch noch unfertig, doch die ersten drei Zeilen der Strophe fehlten sogar gänzlich, und nur die vierte war bereits geformt:

«Wo Tod und Leben grausam sich bekämpfen»
Er brauchte noch die Hinführung und zwar über mehrere Strophen, die vom Trennungsschmerz sprechen mußten, der zu diesem finalen Kampf geführt hatte. Platz im Kalendarium fand er dafür aber nicht. Das hatte nur zwei Papierlagen, eine dritte war lose eingelegt und noch nicht verwendet. Diese Lage entnahm Goethe dem Heft und schrieb Entwürfe für zwei dem Notat im Calender vorausgehende Strophen sowie die drei Zeilen, die von der angefangenen Stanze noch fehlten.
Zunächst rief er sich noch einmal das hohe Glück der Nähe der Geliebten zurück. Es schien ihm auch daher zu rühren, daß er in dieser Nähe wie die Liebste selbst ganz dem Augenblicke zu leben vermochte. Der Zwang sich zu entfernen aber nistete stets in dieser Gegenwärtigkeit. Und schließlich trat er ein und stürzte den Dichter in namenlose Verzweiflung, unbezwingliches Sehnen und grenzenlose Tränen. Hieran sollte sich die erst halbfertige Strophe anschließen. Goethe suchte nach dem Reimwort zu «bekämpfen». Halblaut formulierte er:
«So quellt denn fort und fliesset unaufhaltsam,
Doch nie gelängs die innre Glut zu dämpfen;
Das rast und reisst in meiner Brust gewaltsam
Wo Tod und Leben ...»
Und dann so fort wie im Calender. Als alles notiert war, schob Goethe die Papierlage zurück zwischen die Calender-Deckel und legte das Heft in die Mappe mit den Abschriften. Die auf abschüssigem Weg raschere Fahrt ließ ahnen, daß es hinab ging nach dem Residenzstädtchen Schleiz im Fürstentum Reuß, wo Pferden und Menschen eine längere Pause zum Mittag gegönnt sein würde. Goethe ließ am

Neuen Schloß halten, stieg aus und wies Stadelmann an, zur Poststation weiter zu fahren. Er werde dort in etwa zwei Stunden zur Fortsetzung der Reise erscheinen.

*

An der Schloßtreppe erwartete den Dichter der Hofmarschall, der von der Ankunft der Kutsche unterrichtet worden war, und geleitete Goethe in den Salon. Wenige Augenblicke später trat Fürst Heinrich von Reuß-Schleiz ein und begrüßte Goethe beinahe überschwenglich:

«Welche Freude, mein lieber Geheimrat, Sie auch einmal in den eigenen Mauern zu sehen. Am Brunnen in Karlsbad mag es abwechslungsreicher zugehen, doch daheim kommt dann erst der richtige Rahmen hinzu.»

«Ich danke zum Schönsten, Durchlaucht, für Ihre gnädige Einladung und freue mich meinerseits, Sie im Ihnen gemäßen Rahmen, wie Sie sagen, zu erleben. Auch ich empfinde im Bade immer eine Art von schwebender Losgelöstheit, mit der meine Üblichkeit fortweht.»

«Ja, der Kurgast ist eine andere Persönlichkeit als der Hausherr. Das hat unterhaltliche Vorteile, bringt aber auch Verwirrung in die Verhältnisse.»

Der Fürst bat den Besucher in den Speisesaal, wo alles für ein leichtes Mittagsmahl vorbereitet war. Den geschmack-, aber nicht prunkvoll eingerichteten Raum schmückten zwei große Gemälde, eines davon recht neu, eine Bataille darstellend. Durch Pulverdampf sah man Kavallerie sprengen, Feldzeichen ragten aus dem Getümmel, von erhöhter Stelle dirigierte ein Feldherr das Gefecht.

«Ich irre doch nicht», fragte Goethe, «wenn ich Euer

Durchlaucht im erhöhten Strategen erkenne? Bei welcher Gelegenheit hat Sie der Künstler denn inszeniert?»
«Sie irren, aber verzeihlich wegen der wirklich frappierenden Familienähnlichkeit. Mein verstorbener Herr Vater stand hier Modell, ich war eben halbwüchsig zu der Zeit», erwiderte der Hausherr. «Sie werden es kaum glauben, mein Freund: Hier ist eine Szene aus unserer Schlacht gegen Napoleons Marschall Davout am 9. Oktober 1806 vor unserem schönen Städtchen dargestellt.»
«Wie? Sie meinen das unglückliche Treffen, bei dem die Ihren als Teil eines preußischen Korps so verlustreich nach Norden getrieben worden sind?»
«Eben dieses», nickte Fürst Reuß. «Ich habe mir ein Bild davon als ewige Mahnung malen lassen. Wir hätten niemals weichen dürfen, nur über unsere Leichen hätte der Feind Gelände gewinnen dürfen. Unsere Flucht war der Anfang vom Ende fünf Tage später bei Jena und Auerstedt.»
«Ihre Erbitterung, Durchlaucht, verstehe ich nur zu gut. Doch besteht wohl ein gewisser Trost darin, daß die Ihren keinem geringeren als dem Schlachtengott persönlich unterlegen sind. Napoleon hatte zudem alle Vorteile der Überraschung und der Zahl auf seiner Seite.»
«Dennoch komme ich nur schwer darüber hin», versetzte der Fürst. «Und besonders verübelt habe ich meinem Herrn Vater, daß er im Jahr darauf Napoleons Rheinbund beitrat. Ich weiß, es blieb ihm kaum eine andere Wahl, doch Abdankung wäre ehrenvoller gewesen als dieser Fußfall vor dem Usurpator und Versklaver des Vaterlands.»
«Serenissimus, also unser Großherzog, damals noch Herzog, hat nicht anders gehandelt. Weimar hätte sonst womöglich noch mehr zu leiden gehabt. Und auch Ihr durch-

lauchtigster Herr Vater hat mit dem Fußfall, wie Sie es nennen, dem Fürstentum und seiner Familie vermutlich weit Schlimmeres erspart. Konnte jemand ahnen, daß der korsische Komet so gar bald verglühen würde?»
Goethes Gesprächspartner lächelte: «Ich vergaß: Unser Dichter gilt ja als Verehrer des kleinen großen Kaisers, der Sie so vor aller Welt ausgezeichnet hat. Und auch ich stehe nicht an, seinen Sternenlauf zu bewundern. Die Sorge um mein Volk aber rangiert allemal weit höher, und große Männer können eine schwere Plage für die Menschen bedeuten. Politische Größen, meine ich», setzte er vielsagend hinzu.
Goethe verstand die Schmeichelei und machte, sich halb erhebend, seinem Gegenüber eine angedeutete Verbeugung: «Durchlaucht haben natürlich recht mit der Bedrückung, die ein allzu Großer auf die Untertanen ausübt. Und wenn ich von Napoleon zeitweilig als von ‹meinem Kaiser› gesprochen habe, so im Sinn von Anerkenntnis der Obrigkeit, wie sie selbst Jesus gefordert. Allerdings auch im Sinn von einem gnädigen Herrn, der mich gleichsam gelten ließ neben sich und seiner Großmächtigkeit.»
«Sie spielen auf Ihre Unterredung mit dem Kaiser in Erfurt an, nicht wahr?» warf der Gastgeber ein. «Ich habe mich immer gewundert, daß Sie darüber nichts veröffentlicht haben und nur sehr Weniges zu sehr wenigen haben verlauten lassen. Die Welt hat doch, so denke sicherlich nicht nur ich, ein Recht, mehr darüber zu erfahren.»
«Ich habe mich immer gescheut», versuchte Goethe zu erklären, «etwas vorzuzeigen, das auf dem Papier leblos erscheinen muß, ja das in der zerrissenen Zeit hätte mißdeutet werden und meinen Kredit beim eigenen Volk noch

weiter hätte beschädigen können. Inzwischen meine auch ich, vor allem durch Kanzler von Müller bestärkt, daß ich der Welt zumindest eine Erinnerungsskizze schuldig bin. Ich habe auch bereits einzelnes notiert. Ihre freundliche Mahnung wird die Niederschrift sicher fördern und beschleunigen.»

Das Gespräch wandte sich wieder der Frage nach der Größe von Persönlichkeiten und deren zwiespältiger Wirkung zu. Und Goethe fragte den Hausherrn, ob er Napoleons eigene Meinung darüber kenne? Als dieser verneinte, berichtete der Dichter folgende Anekdote:

«Der Kaiser fragte einmal einen seiner Marschälle: ‹Was, meinen Sie, werden die Menschen bei meinem Tode sagen?› Der Gefragte erging sich daraufhin in düstersten Schilderungen von schmerzlichen Klagen, in die bei solchem furchtbaren Unglück alle Welt ausbrechen werde. Napoleon schnitt ihm schließlich barsch das Wort ab und erklärte: ‹Alles Unsinn! Sie werden Ouf! sagen.›»

Der Fürst lachte: «Ja, da machte er sich keine Illusionen, so eitel er war.»

Außerdem sei es mit Napoleons Größe, fügte er hinzu, so eine Sache. Eigentlich sei sie nur eine sehr temporäre gewesen, denn sein Scheitern habe ihn noch tiefer gestürzt als von wo er gekommen. Goethe mochte dem nicht beipflichten, sondern sah auch im Zusammenbruch der napoleonischen Herrschaft und im persönlichen Untergang Bonapartes etwas Außergewöhnliches, wie es die Welt vor ihm nicht gesehen habe und vielleicht auch nach ihm niemals wieder sehen werde. Der unvergleichliche Mann, der sich fortwährend in einem Zustand der Erleuchtung befunden habe, sei durch nichts zu überwinden gewesen als durch das Universum selbst, also durch ein Bündnis der Kräfte einer ganzen Welt, das er selbst herbeiprovoziert habe. In seiner Größe sei sozusagen ein Mechanismus zur alsbaldigen Selbstzerstörung angelegt gewesen.

«Jeder außerordentliche Mensch», fuhr Goethe fort, «hat eine gewisse Sendung, die er zu vollführen berufen ist. Hat er sie vollbracht, wie Napoleon die Überwindung der Revolution, so ist er auf Erden in dieser Gestalt nicht mehr vonnöten. Da aber hienieden alles auf natürlichem Wege geschieht, so stellen ihm die Dämonen ein Bein nach dem anderen, bis er zuletzt unterliegt.»

Der Fürst stimmte dem nun doch bei: «Ja, in diesem Sinn habe ich es auch in Ihrem Festspiel ‹Des Epimenides Erwachen› verstanden, dessen Uraufführung ich in Berlin vor acht Jahren zusammen mit meinem Herrn Vater besucht habe. Er war verständlicherweise besonders angetan, weil er mit Ihrer Hochachtung gegenüber Napoleon ein wenig sein Einknicken vor dem Übermenschen begründet oder genauer: entschuldigt und wie Sie schließlich zu ähnlicher Erklärung gefunden hat. Mit Freude zitierte er später oft Ihre Schlußfolgerung: ‹Doch, was dem Abgrund kühn entstiegen/ Kann durch ein ehernes Geschick/ Den halben Weltkreis übersiegen,/ Zum Abgrund muß es doch zurück.›»

«Ja», versetzte Goethe, «ich habe mit dem Stück zu Ehren der aus Frankreich heimkehrenden Helden etwas von meinem Schweigen während der Leidenszeit der Fremdherrschaft wieder gutzumachen versucht. Nur schade, daß mein Epimenides das Bühnenlicht just in dem Moment erblickte, als der Kaiser von Elba aus erneut zum Sprung angesetzt hatte und eben in Paris seinen umjubelten Einzug hielt. Die Sorge, er möchte Europa erneut in Brand setzen,

hat meinem allegorischen Spiel viel von seiner Wirkung genommen.»
«Ich fürchte», tröstete Fürst Reuß, «das Publikum war zu großen Teilen ohnedies nicht reif für die subtilen Anspielungen. Erst die Nachwelt wird bewundernd verstehen können, daß hier eine neue Reifestufe Ihres Schaffens an den Tag gekommen ist. Ich erwarte mir noch manches dieser Art.»
Man erhob sich von der Tafel. Der Fürst begleitete Goethe bis in den Hof, wo ein Wagen wartete, der seinen Gast zur Station bringen sollte.

*

So war Goethe doch beizeiten von Schleiz weggekommen, was ihm sehr entgegenkam, weil er sich auf die nächste Station freute und darüber, daß ihm dort ein langer Abend zu Gespräch und Schreiben vergönnt sein würde. Das aufstrebende coburgische Städtchen Pößneck an der Kotschau, nahe deren Mündung in die Orla, hatte er seit 1795 schon achtzehnmal besucht und neunmal auch dort übernachtet. Er kannte die Wirtsfamilie Müller des Gasthofs Goldener Löwe an der Ecke Krautgasse/ Schmiedegasse schon in der dritten Generation und war mit dem jetzigen Inhaber Friedrich Renatus fast so etwas wie befreundet. Mit ihm hatte er sich oft während seiner letzthin fast alljährlichen Besuche bei den Fahrten von und nach Böhmen ausgiebig über Geschäfte und die angeschlossene Landwirtschaft unterhalten und dem jungen Mann dabei seinerseits manches aus den Tagen des Großvaters Johann August berichten können.

Dieser hatte die Wirtschaft erst eigentlich zum Blühen gebracht, aber um den Preis einer gewissen Hartherzigkeit. So war er wie besessen gewesen von der Idee, den Sohn Christian Georg mit der reichen Fabrikantentochter Sophia Seige zu verheiraten, deren Bruder er bereits seinen Schwiegersohn nennen konnte. Geld stand im Zentrum des Denkens und Trachtens beim Löwenwirt, und nicht wenige Bürger des Städtchens wollten bemerkt haben, daß dieser mit leichten Retuschen im äußerst beliebten, 1797 erschienenen Goethe-Epos «Hermann und Dorothea» abgeschildert sei als Vater Hermanns, der den Helden von der Verbindung mit dem scheinbar mittellosen Flüchtlingsmädchen Dorothea abzubringen versucht. Ebenso vergeblich freilich wie Großvater Müller den Sohn von der Ehe mit der nicht eben begüterten Tochter eines ortsansässigen Schönfärbers, der Mutter des jetzigen Wirts.

Findige Leser hatten bald ohnedies Indizien in Fülle dafür ausgemacht, daß Schauplatz der Idylle das Städtchen in der Orla-Senke sei. So ist im Epos der Vater Hermanns ebenfalls Betreiber eines Gasthofs mit Namen «Zum Goldenen Löwen», es kommt ein lediger Apotheker vor, der dem damaligen Pößnecker offenbar deutlich nachgebildet war, gewisse Örtlichkeiten (ein lieblicher Birnbaum, eine kleine Pforte in der Stadtmauer, abgedeckte Kanäle), der in einer Chronik bezeugte Durchzug von protestantischen Flüchtlingen aus dem katholischen Salzburg im Jahr 1731 und die ackerbürgerliche Lebenswelt – das alles atme Pößnecker Luft. Daß Goethe aus den Protestanten aktuellerweise von der Revolution in Frankreich Vertriebene gemacht habe, könne den Sachverhalt nicht verdunkeln.

Der Dichter, vom Wirt eines Tages danach befragt, hatte

darauf nur die Antwort: «Warum wollen die Leute wissen, welche Stadt gemeint sei? Ist es nicht besser, sich jede beliebige zu denken? Man will Wahrheit, man will Wirklichkeit und verdirbt dadurch die Poesie.» Friedrich Renatus Müller gab dieses Halbdementi Nachforschenden gegenüber stets getreulich wieder, verfehlte aber nie zu erwähnen, daß Goethe ein Schmunzeln, ja ein in gewisser Weise einvernehmliches Augenzwinkern dabei nicht habe unterdrücken können.

Wollen nicht hoffen, daß heute wieder die Rede darauf kommt, dachte Goethe, der mit einem Blick aus dem Fenster abschätzte, daß Pößneck bald erreicht sein würde. Von mir jedenfalls gibt's keine Hinweise mehr. Die neulich erschienene lateinische Übersetzung unter dem sehr schön antikisierten Titel «Arminius et Theodora» belegt besonders eindringlich, daß konkrete Orte oder Personen nur die Botschaft des Epos verstellen. In den römisch-schreitenden, gleichsam gemeißelten Versen kommt mir das eigene Werk vor, als sei es erst zu seinen Ursprüngen zurückgekehrt. Und die liegen nicht im Thüringischen und nicht am Rheine, sondern in Arkadien.

Der seit Schleiz sehr schlechte Zustand des Weges, der nur mühsames Vorankommen ermöglicht hatte, war nun einer gepflasterten Landstraße gewichen. Die Uhr am Turm der gotischen Pößnecker Stadtkirche zeigte halb sieben, als Goethe durch das Stadttor fuhr und am Haus des Chaussee-Einnehmers hielt, wo das Wegegeld fällig war. Dazu wurde aus dem Fenster eine Stange mit einer klingelbeutelartigen Tasche an der Spitze hinausgeschoben. John warf die Münzen ein und entnahm aus einem Spalt an der Tasche die dort eingeklemmte Quittung. Der Wagen zog wieder an, bog in die Schmiedegasse ein und hielt direkt auf die große markante Toreinfahrt des Goldenen Löwen zu, die einladend offen stand. Goethe stieg im geräumigen Hof aus, den an zwei Seiten Stallungen für etwa zwanzig Pferde begrenzten, und an dessen dritter Seite der junge Wirt am Eingang zum Gasthof den bereits gemeldeten hohen Gast erwartete.

Goethe trat auf ihn zu, stolperte dabei leicht und erfuhr daher eine launige Begrüßung:

«Das bedeutet Verdruß, so sagen bedenkliche Leute,/ Wenn beim Eintritt ins Haus nicht fern von der Schwelle der Fuß knackt», rezitierte Müller lachend aus «Hermann und Dorothea» und eilte, Goethe zu stützen, obwohl sich der Dichter sofort gefangen hatte.

«Aber nicht beim Eintritt in ein so sichtbar gesegnetes Haus», gab dieser ebenfalls lachend zurück. «Inzwischen ist scheints mein Gedicht zum Lokalepos von Pößneck geworden. Gott zum Gruß, lieber Müller. Wo man mit eigenen Produktionen so artig empfangen wird, verlieren böse Omina ihre Kraft, ja sie wenden sich ins Gegenteil.»

Man schüttelte einander herzhaft die Hände und trat dann mitsammen ins Haus. Goethe versprach, pünktlich in einer halben Stunde zum Abendessen zu kommen, und suchte zunächst sein Zimmer auf. Viel auszupacken war nicht, und dieses Wenige hatte Stadelmann bald gerichtet. Trotz der einfachen Umgebung zog sich Goethe wie gewohnt zum Essen um und erschien kurz nach sieben in der Gaststube. Noch war es relativ ruhig, denn die meisten Bürger hatten ihr Tagewerk noch nicht beendet. Nur einige hatte die Neugier nicht ruhen lassen, und sie waren vor der sonst üblichen Zeit im Goldenen Löwen eingetroffen. Goethe

grüßte nach allen Seiten. Er wußte sich unter Freunden und nahm behaglich am vorbereiteten Ehrentisch Platz.
«Was empfiehlt die Küche denn heute?» fragte er den eintretenden Wirt. Hier hatte er noch immer vorzüglich gespeist und hörte erwartungsvoll die Vorschläge.
«Halt! Da haben wir es schon», unterbrach er Müller nach wenigen Worten. «Selbstverständlich müssen es Schmerlen sein oder wie wir daheim früher gesagt haben: Grundeln. So manchen Fisch aus Euren Teichen habe ich bei Euch genossen, mein Freund, aber gekochte Schmerlen waren noch nicht dabei. Es wird mir ein Vergnügen sein, sie mit den sonst meist gebackenen zu vergleichen.»
Müller eilte, das Nötige zu veranlassen, dieweil sein Gast sich auf losen Blättern einige Notizen machte und den Gaumen für den erwarteten Genuß mit kleinen Schlucken Wein präparierte. Bald mußte er das Papier wegräumen, denn Topf und Schüsseln kamen mit dem Bestellten. Goethe nahm reichlich. Sein Appetit war von der langen Fahrt geschärft, und die Zubereitung der kleinen Fische schien ganz nach seinem Geschmack zu sein. Schließlich lehnte er sich zufrieden zurück und bat den Gastwirt, der ihn während des Mahles allein gelassen hatte, an seinen Tisch.
«Dürft Ihr verraten», fragte Goethe, «welchen Künsten die zarten Bissen ihre delikate Würze verdanken?»
«Da gibt es kein Geheimnis», versetzte Müller. «Wichtig vor allem ist, daß sie möglichst bald nach dem Fang über das Feuer kommen. Dort sollte schon Wasser köcheln mit einer Zwiebel, ganzem Pfeffer, einigen Lorbeerblättern, Nelken, Salz, einer Brotrinde, einem Stückchen Butter und ein wenig Essig. Da hinein gebe ich die Schmerlen, und nach be-

reits fünf Minuten sind sie gar und würzig. Ihre Leckerbissen sind noch vor einer Stunde geschwommen.»
«Ja, Fische und Frische, das gehört nicht nur vom Reim her zusammen», bemerkte Goethe. «Vielleicht verderben die Wasserbewohner so leicht an der Luft, weil sie zeitlebens den Kontakt mit dem gehauchten Elemente nicht kennen. Und uns dünken sie womöglich deswegen besonders schmackhaft und gemäß, weil wir vor unvordenklichen Zeiten selber dem Wasser entstiegen.»
«Dagegen wäre zu erinnern», wandte Müller ein, «daß gerade beim Fisch sich die Geister scheiden. Als Küchenmeister und Gastwirt kenne ich nicht wenige Menschen, die Fisch entschieden fast in jeder Form ablehnen, ja einen gar großen Widerwillen gegen derlei Gerichte hegen. Wie reimt sich das zusammen?»
«Da habt Ihr natürlich reiche Erfahrung und sehr Richtiges zu bedenken gegeben. Es ändert aber nichts am vermuteten verwandtschaftlichen Zusammenhang. Ich erkläre mir die Fisch-Abneigung mit einer auch sonst verbreiteten Abwehr allzu intensiver Erinnerung an das eigene Herkommen, ja an die eigene Kreatürlichkeit überhaupt. Was hat der Mensch nicht alles ersonnen, von Mode bis Baukunst, das seine Scham verhüllt, nackt und unbehaust zu scheinen?»
Hier wurde das Gespräch unterbrochen durch einen jungen Mann, der meldete, daß ein Spielmannszug vor dem Rathaus aufgezogen sei. Das Gebäude sei illuminiert durch Fackeln. Jedermann, insonderheit Herr von Goethe, sei willkommen, das Schauspiel anzusehen und zuzuhören.
«Bitte entschuldigt mich, guter Mann», entgegnete Goethe. «Als Student habe ich versucht, meine Lärmemp-

findlichkeit durch das Mitmarschieren in Blaskapellen zu bekämpfen. Das hatte in einem gewissen Maß Erfolg. Lärm ertrage ich seither leichter, aber seltsamerweise ist mir von dem Exerzitium eine Scheu dieser Art von Musik gegenüber geblieben.»

Und an Müller gewandt fügte er hinzu: «Laßt Euch von mir nicht den Spaß verderben. Ich habe noch zu arbeiten und wollte mich ohnedies bald zurückziehen. Gern allerdings tränke ich diesen vortrefflichen Jenenser Roten noch aus. Bitte laßt die Bouteille auf mein Zimmer bringen. Der Tropfen scheint mir gut gelesen, und offenbar hat er eine Zeitlang auf einem Madeirafaß gelegen, wenn ich nicht irre.»

«So ist es in der Tat», staunte Müller. «Gelobt wird das Gewächs oft, aber sein Geheimnis schmecken ihm nur wenige ab. Ich werde mich glücklich schätzen, Euer Exzellenz eine weitere Flasche mitzugeben.»

«Habt Dank, werter Freund. Ich gedenke morgen gegen sechs in der Früh aufzubrechen. Stadelmann wird etwas Proviant aus Eurer Küche erbitten. Für eine richtige Mahlzeit ist es dann ja noch zu früh. Gute Nacht!»

Auf dem Zimmer diktierte er John noch einige Zeilen über diesen Tag:

«In Schleiz zu Mittag gespeist. Kaufmann Meyer, der mir die Nachricht brachte, meine 5 Kisten Mineralien und Kreuzbrunnen seien aus der brennenden Stadt Hof gerettet. Der Fuhrmann habe aufgepackt gehabt, habe aber, weil die Konfusion groß geworden, ohne Frachtbrief fortfahren müssen und werden nun schon längst in Weimar abgegeben worden sein. Bei sehr schönem Wetter nach Sonnenuntergang in Pößneck eingetroffen.»

John ging. Goethe trat ans offene Fenster. Die ferne Musik wehte herüber. Offenbar wurde dazu gesungen und getanzt. Jetzt erkannte er das Lied, das er hier schon so oft gehört hatte. Es galt der Brunnenfigur, die dabei im Ringelreihen umtanzt wurde:

«Was der Marktplatz unserer Stadt
Doch für einen schönen Brunnen hat;
Wasser plätschert munter,
Guckt ein Männlein runter.

Marktbornmännlein, alter Wicht,
Zeig uns heut ein freundliches Gesicht;
Klopf mit deiner Lanze
Uns den Takt zum Tanze.»

*

Goethe schloß das Fenster. Er schenkte sich von dem Wein ein, den der Wirt hatte hinaufbringen lassen, und entnahm wieder dem Schreib-Calender die dritte, noch weitgehend unbenutzte Lage Papier. Nur die Strophen über die gewaltsame Entfernung von der Geliebten waren darauf schon entworfen und im Ganzen so gelungen, wie es sich der Dichter wünschte. Letzte Hand würde er in der Reinschrift anlegen. Jetzt ging es ihm darum, den Anfang des Gedichts zu formen. Dafür hatte er bislang ja nur die Eingangsstrophe, in der noch Unsicherheit darüber bestand, ob er Himmel oder Hölle zu gewärtigen habe. Die vom Wein gehobene Stimmung lenkte Goethe zur Besinnung auf die paradiesischen Stunden, als die Zeit eilte und doch zugleich

stille zu stehen schien, als an Abschied nicht zu denken, geschweige denn die Rede davon war.
Vergegenwärtigen aber konnte nicht bedeuten, auch in der Gegenwart zu reden. Wunschloses Glück verlöre im Besprechen sofort diesen Charakter, wie der Schwimmer sinkt im Grübeln über das Wunder des Nichtuntergehens. Wie hatte er doch noch vor wenigen Monaten dem Freund und Musiker Carl Friedrich Zelter in einer Briefbeilage gesagt:

«Die Gegenwart weiß nichts von sich,
Der Abschied fühlt sich mit Entsetzen,
Entfernen zieht dich hinter dich,
Abwesenheit allein versteht zu schätzen.»

Sprechen ließ sich nur aus dem Nachher über Gewesenes, Er- und Durchlebtes, Nachwirkendes, aber eben Vergangenes, also nur in der Vergangenheitsform. So glutvoll er auch beschwören wollte, so würde dabei die Trennung immer schon mitgedacht sein. Jeder Blick auf die Geliebte, auf das Glück, war ein Rückblick und daher von Schmerz aufgeladen. Vom Paradies konnte Goethe, wie die Menschheit überhaupt, nur als daraus Verbannter sprechen. Denn erst die «Abwesenheit versteht zu schätzen» im Sinn von einzuschätzen, was er verloren hatte. Insofern lag zwischen den eröffnenden Versen der ersten Strophe und dem nun Folgenden bereits der Abschied, das Entsetzen. Deswegen auch der in beiderlei Verständnis trennende Strich unter dieser Strophe und vor den reflektierenden danach.
Anders als im fahrenden Wagen weder durch Geholper noch durch Landschaft oder Geräusche abgelenkt, fand Goethe bald den Ton: «So warst du denn im Paradies emp-

fangen», hob er an, «Als wärst du werth...» Da war es schon, dieses «Als ob», dieses Trügerische, das eben auch erst in der Entfernung wahrzunehmen war als immer lauernd in einer scheinbar paradiesischen Gegenwart. Die empfundene Zeitlosigkeit entpuppte sich in Nachherein als Illusion. Die Verse flossen ihm bitter-süß zu und gipfelten im letzten Zeilenpaar der zweiten neuen, also der insgesamt dritten Strophe, das Goethe mit Tränen in den Augen beim Schreiben mitsprach:

«Die Stunden glichen sich im zarten Wandern
Wie Schwestern zwar doch keine ganz den andern.»

Länger vermochte er den Ton der Hochgestimmtheit nun aber nicht aufrechtzuhalten. Der «zerschneidende» letzte Kuß beschwor unbarmherzig die Vertreibung aus dem Paradies, die Thema der vierten Strophe wurde. Das Elysium erschien darin hermetisch verbarrikadiert, bewacht von einem Lichtengel mit einem Flammenschwert. Und so verschloß sich in der Folgestrophe auch das Herz, dem es vorkam, als habe es die Seligkeit nie gegeben; Mißstimmung und Kummer bedrückten den Liebenden quälend.

Goethe unterbrach die Niederschrift. Ja, hier war die richtige Stelle, wo das im Calender schon Formulierte anschließen konnte. Er hatte viel verloren, doch die Welt war nicht untergegangen. An ihr konnte er sich wieder aufrichten oder es doch zumindest versuchen. Am besten er übertrug die entsprechende Strophe aus dem Calender gleich in seine Abschrift, wo sie nun diese Gestalt annahm:

«Ist denn die Welt nicht übrig? – Felsenwände
Sind sie nicht mehr gekrönt von heiligen Schatten?
Die Erndte reift sie nicht? Ein grün Gelände
Zieht sichs nicht hin am Fluss durch Busch und Matten,

Und wölbt sich nicht das überweltlich Grosse,
Gestaltet bald, und bald gestaltenlose.»

Geändert hatte er fast nichts, nur das «Gestaltet jetzt» in der letzten Zeile war zu «Gestaltet bald» geworden, damit sich Formen und Verschwimmen die Waage hielten und der unaufhörliche Wandel deutlich wurde. Die einzige wesentliche Änderung war die Ersetzung von «unermesslich» durch «überweltlich» in der vorletzten Zeile. Der neue Begriff lieferte die Himmelsanknüpfung und bereitete das Wolkenbild der Geliebten in der folgenden Strophe vor. Wie die Wolke nicht ganz irdisch und nicht ganz himmlisch ist, so hat der Liebende durch die Geliebte teil am Paradies.

Allerdings hatte er, Goethe, sich auf Erden zurecht zu finden. Daher die Reihung von Negationen in den Fragen. Sie drückten nicht Zweifel aus und richteten sich auch nicht an ein Du, sondern waren rhetorische zur Vergewisserung der ihn umgebenden Realität und des eigenen Da- und Soseins in dieser prallen Wirklichkeit.

Goethe legte den Stift beiseite. Die beiden folgenden auch schon im Calender entworfenen Strophen wollte er am kommenden Tag abschreiben und versuchen, eine Fortsetzung nach Strophe elf zu finden, die er im Wagen auf der Fahrt nach Hof skizziert hatte: «Die Fähigkeit zu lieben ...»

Es war spät geworden. Goethe löschte die Lampe.

*

«Keine unangenehme Gegend im Grunde. Und auch das Wetter nicht schlecht. Ein bißchen kühl vielleicht, aber klar und sonnig. Nun, da wollen wir einmal erkunden, was es da hinter dem Wäldchen zu sehen gibt und ob nicht bewohnte

Gegend in Sicht kommt. Sonderbar nur, daß das Aufstehen so schwer fällt. Vielleicht bin ich noch müde vom Bergsteigen mit Grüner, der es immer so eilig hat, auf die Gipfel zu springen. Wo steckt der Kerl bloß? Wieder vorausgerannt vermutlich. Ah, dort hinten regt sich etwas. Mit einiger Anstrengung komme ich wohl um das Wäldchen herum auf den Hügel; dort habe ich einen guten Blick und kann den weiteren Weg festlegen.
Mein Gott, habe ich es eben kühl gefunden? Nun schwitze ich zum Erbarmen. Doch die Kraxelei hat sich gelohnt. Das seltsame Häuschen, das ich von unten gar nicht gesehen habe, schaut zu putzig aus. Wieso baut jemand ein so kleines Gemäuer so spielerisch burgenartig? Zinnen, eigentlich eher Zinnchen, Türmchen und Schießschärtchen zieren rundum das Obergeschoß, unten dagegen Blumenkästen vor lauschigen Butzenscheiben. Und dort oben winkt eine helle Gestalt. Ist es Ulrike? Sie ist es wahrhaftig. Aber was macht sie denn da? Sie soll von der Mauer heruntergehen, sonst stürzt sie mir noch ab. ‹Vorsicht, zurück!› Sie hört mich nicht, ja, ich höre mich selbst nicht, so sehr ich den Mund aufreiße. Die Luft wird mir knapp. Was tun? Herrgott, sie fällt! Ach nein, sie fliegt, sie schwebt herab. Welch ein Glück! Wie konnte ich nur daran zweifeln, daß Engel fliegen können? O komm!
Doch was ist ihr? Sie wendet sich gar nicht zu mir. Ich strecke meine Arme nach ihr aus, sie reichen nicht durch die Ferne. Immer sinkt weiter ihr Bild und nähert sich dem großen See, der am Fuße des Hügels weit ausgebreitet liegt, es ist eher ein Sumpf als ein See. Was will der Mann dort am Ufer? Er gibt ihr die Hand; er will sie wohl wieder hinaufführen oder gar zu mir bringen. Ich möchte ihnen so

gern entgegengehen. Doch ich komme nicht voran, mein linker Fuß hakt, der andere sackt in den Morast. Warum macht der Mann einen derartigen Umweg? Wenn sich die beiden nicht sputen, werde ich ganz von den Schlingpflanzen hinunter gezogen. Es rauscht höllisch in den Bäumen. Ein Sturm kommt auf.
‹Hilfe!› Jetzt höre ich mich endlich. Offenbar hören mich auch die beiden, die noch immer so furchtbar fern sind. Der Mann kommt mir bekannt vor. Ist es Grüner? Warum rettet er mich nicht rascher? Nein, es ist nicht der liebe Polizeirat, dazu ist er zu dick. Oder Langheinrich? Nein, der ist nicht so untersetzt. Ulrike hat doch gar keinen Bruder, und für einen Onkel ist der Mensch entschieden zu jung. Hat sie womöglich einen Verlobten und mir das immer verschwiegen? Ja, sie gehen sehr eng zusammen, und nur sie dreht sich manchmal nach mir um. Bitte kommt doch schneller! Ich muß noch einmal schreien: ‹Zu Hilfe!› Ah, sie hören mich. Jetzt dreht auch er sich um. Alle Wetter! Es ist August.»
Mit schreckgeweitetem Blick erwachte Goethe und richtete sich im Bett auf. Was hatte er denn da für einen ärgerlichen Unrat zusammengeträumt?! Oft geschah es ihm nicht, daß er nach dem Erwachen noch so genau wiederzugeben gewußt hätte, was ihm im Traume vorgeschwebt. Diese furchtbare Lähmung, dieses unmögliche Paar, der verjüngte Sohn August und die schwebende Ulrike! Und dann die zweimalige Gottesanrufung! Wenn er an Vorbedeutungen glauben wollte, dann mußte er jetzt auf Schlimmes gefaßt sein. «Bedenkliche Leute», wie sie der Gastwirt aus seinem Epos berufen, würden nun allerhand Hokuspokus aufführen, um etwaige Verhängnisse zu bannen und

Geister zu vertreiben. Goethe aber sah klar, daß der Traum allenfalls als Vorahnung eines Ärgers gelten konnte, der unausweichlich käme. Er hatte die Familie und ganz Weimar mit seiner Geschichte um das Burgfräulein in seinem Traum sicher ungeheuer erschreckt und bei den Seinen handfeste Ängste geweckt.

Oder ob noch mehr hinter der kruden Geschichte steckte, die da seine enthemmte Phantasie im Schlaf ersonnen hatte? Nun, sagte sich Goethe, ich will darüber nicht zu sehr ins Grübeln verfallen, den rechten Schlüssel haben wir zu diesen Enigmen doch noch nicht, wenn wir ihn denn je finden. Wir wandeln alle in Geheimnissen. Wir sind von einer Atmosphäre umgeben, von der wir noch gar nicht wissen, was sich alles in ihr regt und wie es mit unserm Geiste in Verbindung steht. So viel ist wohl gewiß, daß in besondern Zuständen die Fühlfäden unserer Seele über ihre körperlichen Grenzen hinausreichen können und ihr ein Vorgefühl, ja auch ein wirklicher Blick in die nächste Zukunft gestattet ist.

Goethe streckte sich wieder aus, um den Rest der Nacht noch zu genießen. Sogleich aber trat das Bild der winzigen Burg auf dem Hügel am See wieder vor seine Augen, ohne daß jedoch Ulrike erschienen wäre. Je heftiger der Halbschläfer sie herbeizusehnen suchte, desto unwettriger wurde die Szene, bis er schließlich mißmutig das Oberbett von sich stieß und aufzustehen beschloß. Während er noch auf der Bettkante saß, klopfte es kräftig, und Johns Stimme ließ sich vernehmen:

«Fünf Uhr, Herr Geheimrat!»

«Danke, John. Gebt bitte Stadelmann Bescheid, daß ich mich ankleiden will!»

*

Abschied nun auch von Pößneck. Für Goethe, wie er trotz der Nähe zu Weimar ahnte, ein endgültiger, für die Wirtsleute nur einer von hoffentlich noch vielen. Daran wurde nicht gerührt. Die Sonne war eben aufgegangen, als Stadelmann die letzten Sachen aufgepackt hatte. Der Stallbursche legte den Pferden das blanke Gebiß an, zog die Riemen sogleich durch die schön versilberten Schnallen und befestigte dann die langen, breiten Zügel. Er führte die Rosse hinaus in den Hof, wo er sie an die Deichsel der bereitgeschobenen Kutsche schirrte. Goethe bestieg das bequeme Gefährt, und schon rollte es aus dem weit geöffneten Torweg hinaus, die guten Gastgeber winkend zurücklassend. Am Rathaus, wo gestern das Volksfest stattgefunden, ließ Goethe noch einmal halten. Er hatte sich den gotischen Bau schon öfter genau besehen, doch nun, im Lichte seiner Beschäftigung mit dem Kölner Dom, wollte er doch noch einmal schauen, ob sich im Profanbau andere Züge bemerklich machten als bei den sakralen Gebäuden. In der Tat stellte er fest, daß die bürgerliche Funktion des Hauses Baumeister und Steinmetze sichtlich diszipliniert hatte. Das Himmelstrebende des Stils fügte sich in einen Rahmen und stach eigentlich nur mit einem zentralen Türmchen empor. Den stufigen Giebel profilierten Eckaufsätze, die wie Kerzen am Lichterbaum zum First aufeinander zu liefen. Besonders beeindruckte Goethe wie immer die überdachte, ein wenig asymmetrische Freitreppe, die auf Spitziges fast ganz verzichtete und mit gerundeten Bögen gekrönt war. Der Zierat darin erschien in der schrägen Helle der noch niedrig stehenden Morgensonne kräftiger konturiert als sonst. Vor dem Eingang im Hochparterre trat wie eine Kanzel ein Balkon mit Baldachin hervor, gedacht wohl für Abkündigungen der Obrigkeit.

Über der Treppe war eine Inschrift angebracht. Goethe kannte sie seit langem:

«Wo das Regiment verkehrt ist und verborgener Neid ist und wo der Gemeinnutz nicht Raum hat: Diese drei zerbrechen eine feste Stadt.»

Was damit gemeint war, konnte ihm nicht zweifelhaft sein: Obrigkeit ohne Augenmaß für das Nötige, mit zuviel Duldung von sich breit machendem Schlendrian, blind gegenüber bröckelnder Ordnung, konnte eine Stadt genauso zugrunde richten wie unterschwellige Mißgunst und mangelnder Gemeinsinn. Dazu paßten seine Verse aus dem von den Pößneckern beanspruchten Epos: «Denn wo nicht immer von oben Ordnung und Reinlichkeit wirket,/ Da gewöhnet sich leicht der Bürger zu schmutzigem Saumsal.» Der Rat des Städtchens hatte die Mahnung offenbar beherzigt, denn sogar die Hinterlassenschaften des gestrigen Festes waren bereits peinlich beseitigt.

Goethe riß sich endlich los. Die Beziehung des Ortes zu einem seiner Lieblingswerke, die er öffentlich nicht eingestand, machte ihm den Abschied schwerer, als er gedacht hatte. Er las bis heute noch immer gern die Hexameter, wobei er Tränen der Innigkeit oftmals nicht zurückzuhalten vermochte. Geschieden aber mußte sein. Er gab das Abfahrsignal, und fort ging es in den hellen Mittseptembermorgen. Das Laub der begleitenden Chausseebäume sprenkelte sich bereits herbstlich nach dem langen Sommer.

Jena

Das Gedicht schiebe ich vorerst noch auf, dachte Goethe, denn die Wegstrecke schien ihm allzu holprig. Will doch jetzt einmal sehen, was es mit den Manuskripten auf sich hat, die mir August nach Eger geschickt hat. Bin noch gar nicht zu näherer Prüfung gekommen. Dabei scheint mir Interessantes darunter. Der junge Graf von Platen etwa hat eine treffliche Begabung, und von ihm sind neue Ghaselen dabei, diese arabischen Kunstgespinste. Er sagt, daß ihn mein «Divan» dazu angeregt, was mich freut, zeigt es doch, daß ich keineswegs so aus der Zeit gefallen bin, wie manche Romantiker behaupten. Im Gegenteil: Hier bin ich der Tendenz entgegengekommen und habe der Jugend ein schönes Beispiel dafür gegeben, wie sie sich aus Fremdem Honig saugen kann. Freilich besteht immer die Gefahr der zu starken exotischen Befruchtung, so daß das Eigene womöglich ganz überwuchert wird.
Schau an, das ist ja ein ganzer Stapel. Will doch zum Kosten einmal ein handliches Stück etwas genauer betrachten. Die langzeiligen sind meist auch die langweiligen und obendrein noch gekünstelter als die rascheren Kurzzeiler. Da haben wir schon ein passendes Textchen. Aha, Platen hat die Blätter numeriert, dann also Nummer 102:

«Den Geruch berauscht der Flieder,
Und Jasmine duften wieder;
Und der Ost, der kecke Freier,
Löst den Knospen ihre Mieder:
Du allein verhüllst dich ewig,
Schlägst vor mir die Augen nieder!
Bliese doch ein Wind und legte
Das Gewand an deine Glieder!
Nähm' er meiner Seufzer einen
Auf sein rauschendes Gefieder!
O belohne deinen Sklaven,
Der so treu dir ist und bieder!
Doch du sprichst: Beglück' ich jenen,
So verstummen seine Lieder.»

Meiner Seel! Wirklich artig geschmiedet und trotz des Zwangs zum immer selben Reim reich an Aspekten und von großer Fülle des Gehalts. Geht natürlich nur mit bestimmten Lauten, die achtmal gleich tönen und doch je anders reden. Gibt manche Überraschung, weil man sich beim Lesen immer dringlicher fragt, welcher Reim denn nun noch kommen soll, ohne daß der Dichter sich wiederholt und ohne daß der Sinn des Reimens verloren geht, mit meiner Helena gesprochen: «Und hat ein Wort zum Ohre sich gesellt,/ Ein andres kommt, dem ersten liebzukosen.»
Und Platen hat alles der Regel gerecht gebaut: Erst ein direkter Paarreim im sogenannten Königshaus der ersten beiden Zeilen, dann alle gradzahligen Verse genauso gereimt, die anderen hingegen nicht, auch nicht untereinander. So streng habe ich es eigentlich nie genommen, und doch tönt mir das Lied vertraut wie Eigenes.

Es besingt ja auch mein ewiges Thema. Und wüßte man nicht von den griechischen Neigungen Platens, man sähe ein holdes Mädchen, dem der Wind das Kleid an den anmutigen Leib bläst. Doch da ist die bekannte unglückliche Veranlagung, unglücklich eigentlich nur, weil sie den Dichter unglücklich machen muß in einer Welt, die Knabenliebe hassenswert findet. Warum hat man mich da nicht gescholten oder doch kaum? Als ich die Sinnenlust in den Venedig-Epigrammen verherrlicht und Faustina gepriesen habe, war das Geschrei über meine Unsittlichkeit groß. Nun, da ich im «Divan» Hatem beim Trunk mit dem Schenken habe eindeutig schäkern lassen, verübelt man's mir nicht, wenigstens nicht öffentlich. Bin ich als Greis bei Erotica nicht mehr ernst zu nehmen? Ich fordere Tadel für Verse wie diese:

«Du kleiner Schelm du!
Daß ich mir bewußt sei,
Darauf kommt es überall an.
Und so erfreu ich mich
Auch deiner Gegenwart,
Du Allerliebster,
Obgleich betrunken.»

Nun, man kennt meine Freundin, man weiß von meiner Ehe, man hat mich von jeher mit jeder nur denkbaren Schönen ins Gerede gebracht. Da ignoriert man im «Erlkönig» eben das «Mein Vater, mein Vater, jetzt faßt er mich an …», da hält man meinen Winckelmann aus und liest still-mißbilligend über die Küsse für den Knaben im «Schenkenbuch» hinweg. Der arme Platen aber muß vom

«Mieder» reden und andere falsche Spuren legen, weil jedermann ihn beargwöhnt. Ich fürchte, auch er selbst quält sich mit Verachtung wegen seiner Glut für schöne Jünglinge. Dabei ist sie so alt wie die Menschheit und liegt in der Natur, ob sie gleich gegen die Natur ist.
Hat Platen auch mit Hilfe von Anleihen bei mir die falschen Spuren zu stärken gesucht? Vielleicht aber war er sich gar nicht bewußt, daß er, obschon in Gegenrichtung, meinen Zephyr anruft, wenn er ihn als Boten seiner Seufzer ersehnt. Was sage ich: «meinen»? Suleika-Mariannes Verse sind es ganz und gar und gelten nun doch vor der Welt als zu meinen schönsten gehörig:

«Ach, um deine feuchten Schwingen,
West, wie sehr ich dich beneide:
Denn du kannst ihm Kunde bringen,
Was ich in der Trennung leide!»

Wahrhaftig! Die kleine Frau hatte die Poesie. Solange wir poetisch gestimmt und solange wir miteinander waren. Allein ist sie verstummt; ihre jetzigen Briefe sind lieb, doch gewinnen kaum Höhe. Im Grunde ist sie verstummt, wie es Platen in seinem Gedicht fürchtet, wenn die oder richtiger der Liebste sein Sehnen stillt und ihn «beglückt». Singen verklingt in der Gegenwart des besungenen Gegenstands, verträgt nicht die Erfüllung. Es ist stets Schmerzlaut des Getrenntseins.
Doch halt! Ehe mich solche Betrachtung wieder hineinzieht in mein Gedicht, zurück zu Platen. Wie wirkt denn das Ganze? «Artig» als Urteil trifft ja nur das Kunsthandwerkliche und bei diesem Ghasel insonderheit. Nach allem, was

ich sonst bisher von ihm gelesen, denke ich so: Er besitzt manche glänzenden Eigenschaften – allein seine Selbstmißachtung wird immer wieder merklich und verhindert, daß er breiteres Interesse weckt. Und beim Lesen ist zudem stets im Bewußtsein, daß er auch menschlich wenig umgänglich zu sein scheint. Nein, mir gegenüber ein höflicher, freundlicher Mann. Doch was ich höre von Giftigkeit über andere, wirft kein sonderlich günstiges Licht auf ihn.

*

In seiner Jenenser Wohnung fand Goethe ein Billett seines «Urfreundes» Carl Ludwig von Knebel vor. Dieser bat ihn, bei ihm das Mittagsmahl zu nehmen, wenn er, Goethe, vor zwei Uhr eintreffen sollte. Es war jetzt dreiviertel eins, also durchaus noch Zeit, sich ein wenig einzurichten und dann gemächlich über Eich- oder Marktplatz ins «Paradies» zum Knebelschen Haus zu schlendern.

Das wäre jedenfalls der kürzeste Weg gewesen, doch Goethe wählte einen kleinen Umweg über den Teichgraben. Dort nämlich stand der Anatomieturm, der ihn an seine Studien vor nunmehr fast vier Jahrzehnten erinnerte und an eine Entdeckung, auf die er sich mehr zugute hielt als auf so manches seiner poetischen Werke: Gegen die herrschende Lehrmeinung hatte er damals mit fachmännischer Hilfe nachweisen können, daß auch das Skelett des Menschen einen Zwischenkieferknochen aufweist, der die oberen Schneidezähne trägt. Hochmögende Kapazitäten hatten das für unmöglich erklärt, weil gerade das Fehlen dieses Bindestücks den Menschen vom Tier unterscheide und seine Sprachfähigkeit begründe. Goethe dagegen war überzeugt von der Harmonie der Natur, die ihre Wesen im Gleichklang hervorbringe. Der Nachweis, daß auch der Mensch daran bis ins Detail teil hat, machte ihn glücklich. Froh allerdings war er seines Triumphs lange nicht geworden, denn die erhoffte Anerkennung war zunächst ausgeblieben. Die Fachwelt hatte sich heftig gegen die Revierverletzung durch einen Laien gewehrt und die Entdeckung schlichtweg ignoriert. Allmählich bröckelte nun die Front der Experten, so daß Goethe den bis dato unpublizierten Text über die Entdeckung in seinen Heften zur Morphologie kürzlich veröffentlicht hatte. Knebel, zu dem er gerade unterwegs war, hatte ihn als einer der ersten in einer Prachthandschrift schon im November 1784 gelesen und erlebte nun mit Genugtuung, daß Goethes Ersttat mehr und mehr gewürdigt wurde, obschon die Verächter noch immer zahlreich waren.

Kurz vor zwei Uhr traf Goethe bei Knebel ein, den er auf dem Hinweg in die Böhmischen Bäder nicht hatte aufsuchen können. Um so herzlicher fiel das Wiedersehen aus, das allerdings schnell einen für Knebel nicht begreiflichen Dämpfer erfuhr. Goethe nämlich fand bei seinem Freund Sohn August vor, den er zwar ebenfalls mit freudiger Geste und guten Worten begrüßte, doch für den einfühlsamen Knebel war merklich, daß beide etwas zu groß ausfielen. Da die Speisen sogleich aufgetragen wurden, kam man über den Moment jedoch leicht hinweg und war bald im üblich flüssigen Gespräch über die letzthinnigen Vorfallenheiten begriffen.

Als die wichtigsten Nachrichten ausgetauscht waren, wandte sich die Unterhaltung dem Lebensthema des Hausherren zu: Knebel hatte 1821 nach jahrzehntelanger Arbeit seine Übersetzung des Werkes «De rerum natura» (Von der Natur der Dinge) des römischen Philosophen Lukrez, eines Zeitgenossen Cäsars, herausgebracht. Goethe war dabei sein ständiger Berater für die Nachbildung der Hexameter des Originals im Deutschen gewesen.

«Ich freue mich, mein Lieber», sagte er jetzt zu Knebel, «daß du so gute Resonanz auf dein Buch bekommst; die Fachwelt hat einmal nichts zu mäkeln.»

«Das habe ich nicht zuletzt dir zu danken», versetzte der Freund, «deine Fürsprache hat die notorischen Meckerer wohl vorsichtig gemacht. Mit mir hätten sie sich allenfalls noch recht gern angelegt. Aber dann zugleich mit dir? Das dürfte vielen denn doch zu riskant erschienen sein.»

«Verkleiner' nicht deine Leistung, Alter. Hättest du sie nicht auf dich genommen, ich hätte wohl selbst den Versuch wagen müssen und wäre eher gescheitert. Schon weil ich die Geduld nicht aufgebracht hätte, ohne die ein Schlüssel zum Verständnis nimmermehr zu finden gewesen wäre.»

«Mich schiltst du wegen zu großer Bescheidenheit und nun stellst du selbst dein Licht unter den Scheffel. Ohne deine, ich nehme dein Wort, geduldige Hilfestellung säße ich noch am ersten der sechs Bücher.»

«Die Hilfe war nicht ganz uneigennützig», lächelte Goethe. «Mir sind die Gedanken des alten Römers durchaus notwendig für meinen Naturalismus und mein materiales Begreifen. Wie er das Universum mit all seinen Wesen aus den Atomen entwickelt, und wie er diese zunächst unverbundenen Teilchen verdichtet, ja, auch poetisch, das hat mir eigene Wege gewiesen. Was seinen Rang auf ewige Zeiten sichert, ist ein hohes tüchtigsinnliches Anschauungsvermögen, welches ihn zu kräftiger Darstellung befähigt; sodann steht ihm eine lebendige Einbildungskraft zu Gebot, um das Angeschaute bis in die unschaubaren Tiefen der Natur, auch über die Sinne hinaus, in alle geheimsten Schlupfwinkel zu verfolgen.»

Hier trat ein Bedienter ein mit einem Brief auf einem Tablett, das er Goethe entgegenhielt. Der nahm die Mitteilung, las und bat dann seinen Sohn:

«Bitte gib dem Boten von Professor Döbereiner Bescheid, daß ich morgen beizeiten ins Labor kommen werde. Ich bin begierig, seine neuesten Versuche zu sehen.»

August von Goethe ging hinaus, und Knebel nutzte die Minute, um Goethe zu fragen:

«Gibt es Unstimmigkeiten zwischen euch? Du kamst mir bei der Begrüßung nicht ganz frei vor.»

«Eine schwierige Situation, mein Lieber», erwiderte Goethe. «Nächstens mehr darüber. Es wird daheim Ärger geben, und den möchte ich nicht schon hier haben. In Weimar werde ich mich ihm stellen und hoffe am Ende mit deinem Lukrez sagen zu können: ‹So habe ich wohlbehalten dagestanden und den wilden Lärm an mir vorübergehen lassen.›»

August kehrte zurück und nahm wieder Platz. Goethe wandte sich zu ihm und fragte: «Du hast doch neulich auch im Lukrez oder genauer im Knebel gelesen. Wie gefällt dir das große Lehrgedicht?»

«Ich verstehe zu wenig von Philosophie, Vater. Von Poesie schon mehr, und sie scheint mir überaus geglückt in der Übertragung. Was mich inhaltlich abstößt, ist die geradezu wilde Leugnung der Unsterblichkeit.»

«Mit überzogenem Widerwillen machst du denselben Fehler, den du Lukrez anstreichst. Gewiß, wir können uns mit

seiner Lehre nicht befreunden und sehen den Versuch, mit der Hoffnung auf die Ewigkeit zugleich die Furcht vor ihr auszutreiben, als töricht an. Was aber die Wildheit angeht, die du tadelst, so empfinde ich sie beinahe als komisch und ähnlich dem Fluch unseres großen Königs über seine zagenden Soldaten: ‹Ihr Hunde, wollt ihr denn ewig leben?›»
«Grandiose Lächerlichkeit!» räumte Knebel ein. «Aber zugleich tragisch, ging der Zorn des Lukrez über die unverbesserlichen Götzendiener doch so weit, daß er seine Furchtlosigkeit mit dem Selbstopfer bewies. Ein Freitod in der ursprünglichen Bedeutung des Wortes.»
Die Tafel wurde aufgehoben. Die beiden Goethes dankten für die Bewirtung, verabschiedeten sich und traten gemeinsam den Heimweg an. Gerade wollte der Dichter ein unverfängliches Spazierthema anschneiden, als ihm der Sohn zuvorkam. Auch ihm ging es offenbar darum, nicht vor der Zeit bisher sorgsam Beschwiegenes zur Sprache zu bringen:
«Ein sonderbarer Mann, Vater, dein Freund», hob er an. «Wovon lebt er eigentlich, und was hat er außer dem Lukrez denn beigetragen, daß ihr, vor allem du und unser Landesherr, so große Stücke auf ihn haltet?»
«Das ist eine seltsam verschlungene Geschichte», gab Goethe zögernd zur Antwort. «Bruchstücke davon kennst du ja. Erklärlich aber wird sie erst durch die lange Dauer und die vielen Aufs und Abs, die trennen, aber eben auch herzlich verbinden können.»
«Ja, du hast mir einst erzählt, wie der junge Knebel bei dir in die Mansarde geplatzt ist in Frankfurt und deine Bekanntschaft mit dem Herzog gestiftet hat. Ein halbes Jahrhundert muß es fast her sein.»
«Manchmal habe ich den Eindruck, in meinem Alter liegt

fast alles bereits Jahrhunderte zurück, selbst das kürzlich Abgelebte. Doch zu Knebel: Als Erzieher hat er sich nicht bewährt, aber als Freund. Daher hat ihm Serenissimus bei der Entlassung eine Pension ausgesetzt. Zufrieden war's Knebel nie, ja er verübelt das Geld dem Großmütigen in gewisser Weise, denn er braucht's und rebelliert dagegen.»

«Warum beschleppt sich der Großherzog dann mit solch einer Existenz?» fragte August.

«Nun, er hat Knebel einmal als ‹Hebamme guter Gedanken› bezeichnet, und das läßt ihn wohl an dem manchmal schwankenden und wenig zupackenden Freund festhalten. Auch ich würde ihn nur ungern entbehren. Trotz seines schaurigen Tabaktrinkens», fügte er hinzu.

«Man sagt», warf August ein, «Carl sei gar nicht Knebels Sohn, sondern ein herzoglicher Bastard. Ist das vielleicht das eigentliche Band?»

«Eher im Gegenteil», gab Goethe zurück. «Knebel hat die Mutter geheiratet, um den Herzog moralisch an den Pranger zu stellen, der die noch kindliche Schauspielerin Rudorf, so hieß Frau von Knebel als Mädchen, verführt habe. Carl kam auf die Welt, als sie gerade achtzehn war. Knebel, seinerzeit schon ein Mittfünfziger, hat ihn bei der Eheschließung zwei Jahre danach adoptiert und lauthals verkündet, er mache damit Fürstenunrecht gut. Er wütete förmlich.»

«Und Serenissimus? Warum hat er den Affront geduldet?» wollte August wissen.

«Er blieb ganz gelassen», versetzte Goethe. «Drastische Mittel hätten ihn nur weiter ins Unrecht gesetzt. Zur Hochzeit sandte er ein kühles Briefchen mit der Feststellung, Knebel sei ja alt genug zu wissen, was ihm fromme.»

«Und du, Vater?»
«Nun, es gab eine kleine Pause im herzlichen Benehmen. Doch die Ehehölle, in die unsere beiden Knebels bald gerieten, verlangte nach Freundeshilfe.»
«Sie scheint ja genützt zu haben», meinte August. «Ich bin immer gern in ihrem Haus, auch wenn Carl schon lange fort ist. Weiß er übrigens von seiner Herkunft?»
«Die Eltern wollten nie, daß er's erführe. Doch irgend jemand muß es ihm vor nicht allzu langer Zeit verraten haben, da es nun wie ein Wurm an seiner Seele frißt. Haben die Eltern nach der Geburt des eigenen Sohns Bernhard längst ihren Frieden miteinander gefunden, so ist Knebel nun zerfallen mit dem Ziehsohn. Carl will seine glücklichen Kindertage, ich habe sie ja miterlebt, nicht mehr wahr haben. Er hadert damit, daß er nicht der hohen Abkunft gemäß hat aufwachsen dürfen.»

*

In Goethes Wohnung wartete auf Vater und Sohn die soeben aus Weimar eingetroffene hübsche August-Schwägerin Ulrike von Pogwisch. Goethe ahnte sogleich, daß sie ihm von der Schwester, seiner Schwiegertochter Ottilie, als Kundschafterin entgegengesandt worden war, obgleich sie selbst anderweitige Besuchspflichten vorschützte. Die Sorge vor einer neuen jugendlichen Schwiegermutter und mehr noch vor einer Einbuße an schwiegerväterlicher Liebe und – auch finanzieller – Zuwendung hatte die Neugier wohl nicht länger ruhen lassen. Und da Ottilie wußte, wie gut angeschrieben das «liebe Kind» Ulrike, inzwischen allerdings auch schon fast 25 Jahre alt, bei Goethe war, schien sie zum Sondieren wie geschaffen. Ihr Name paßte da als ein unverfängliches «Übrigens» zudem vortrefflich, hatte doch Goethe selbst in Briefen aus Marienbad nach Hause mit dieser Duplizität gespielt.

Jetzt war sie ihm eher genierlich oder doch irritierend, weil der Klang dieser Anrede jedesmal das Bild der anderen heraufrief. Allerdings war ihm das auch schon bei Augusts Anblick so ergangen, war doch dessen jüngeres Traumbild aus der gestrigen Nacht mit dem nämlichen Gesicht verschwistert. In dieser wenig behaglichen Situation konnte nur Ablenkung helfen, und Goethe schlug den beiden «Kindern» daher vor, mit ihm einen Gang durch den Botanischen Garten zu machen, der in gewissem Sinn ebenso sein Kind war. Er hatte schon früh auf den Herzog eingewirkt, eine solche Anlage schaffen zu lassen, wie er sie in Italien, beispielsweise in Padua und Palermo, in südlicher Pracht bewundert hatte. Jena als Standort hatte er dabei natürlich den Vorzug gegeben, war er doch als Minister für die Universität zuständig; zudem bot sich die Stadt vom milden Klima her besonders an. 1794 hatten dann die Arbeiten daran begonnen. Zum Programm von Jena-Aufenthalten gehörten daher für Goethe stets die Besichtigung und der Genuß des unterdessen vielfältig herangewachsenen «Blumen- und Pflanzenberges», wie ihm denn der enge Kontakt mit der Natur ohnedies tägliches Bedürfnis war.

Mit den beiden Begleitern wanderte er zunächst durch den Prinzessinnengarten, früher dem Freund und Theologen Griesbach gehörend, und dann weiter in den eigentlichen Botanischen Garten bis zum Inspektorhaus. Dort hatte er einige Jahre lang logiert und sich an dem vor rund einem Jahrzehnt gepflanzten Ginkgo davor erfreut. Hier machte er

auch heute halt und hob einige der vor der Zeit gefallenen Blätter auf.
«Einen seltsameren Baum gibt es nicht leicht als den Ginkgo», sinnierte er. «Das fängt schon bei der Schreibweise an, bei der man sich entscheiden muß, ob man ein hartes k oder ein weiches g im Wort haben will. Beides läßt sich nicht oder nur mit großer Mühe aussprechen, weswegen ich nicht einsehe, daß man beides schreiben soll.»
«Als Frankfurter», lachte August, «hast du selbstverständlich die weiche Variante vorgezogen. Jedenfalls steht sie so über deinem Gedicht. Doch wie man's zu betonen hat, weiß man immer noch nicht. Du sagst meistens Gingo bilóba, die Botaniker aber heißen den Baum Ginkgo bíloba, weil er ja zweilappige Blätter hat.»
«Logik kann das Gegenteil von Poesie sein», gab Goethe zurück. «Ich weiß nicht, wie gut du die Verse kennst, aber zu ihnen paßt nur die Betonung auf dem langen zweiten o, weil die Zeilen sinnend-nachdenklich schreiten.»
«Pardon, Vater, ich kenne die Verse natürlich auswendig», sagte August mit Haltung. «Aber die Überschrift habe ich nur als Inhaltshinweis verstanden, nicht als Teil des Gedichts, das ja auch trochäisch ist und nicht daktylisch wie sie. Doch das weißt du ja viel besser.»
«Prüfung bestanden, mein Sohn. Und verzeih deinerseits, daß ich zu zweifeln gewagt habe. Und wenn ich dich nun bitte, uns dreien den Klang wieder ins Ohr zu rufen, dann gewiß nicht weil ich ausproben will, ob du's wahrhaftig weißt. Also laß hören, wie ich gesungen.»
August zierte sich nicht, sondern intonierte mit Gefühl und klangvoll:

«Dieses Baum's Blatt, der von Osten
Meinem Garten anvertraut,
Giebt geheimen Sinn zu kosten,
Wie's den Wissenden erbaut.

Ist es Ein lebendig Wesen?
Das sich in sich selbst getrennt,
Sind es zwei? die sich erlesen,
Daß man sie als eines kennt?

Solche Frage zu erwidern
Fand ich wohl den rechten Sinn;
Fühlst du nicht an meinen Liedern
Daß ich Eins und doppelt bin?»

Ulrike applaudierte: «Ich wußte gar nicht, daß du ein solches Gespür für die feinen Töne hast, August. Vielleicht greifst du ja doch irgendwann selbst zur Feder.»
«Gott behüte, liebe Ulrike», wehrte August erschrocken ab. «In keinem Haus ist Raum für mehr als einen Künstler. Doch weißt du, Vater, wie es zu einem so ungewöhnlich geschriebenen Wort kommt?»
«Nun, es ist wohl chinesisch oder japanisch, und da mag bei der Umsetzung in unsere Sprache geschludert worden sein. So weit ich weiß, heißt der Baum lautlich gesagt ‹Ginkyo›. Der erste Setzer, der mit dem Begriff zu tun hatte, wird das y für ein g verlesen haben. Und Fehler, einmal in der Welt, führen ein zähes Leben. Seit sich die Wissenschaft des Wortes und des Gegenstands bemächtigt hat, dürfte es für Korrekturen allemal zu spät sein.»
«Das Sinnbild des gespaltenen Blatts», sagte Ulrike, «habe

ich wohl verstanden. Ähnlich vereint sind in den Früchten dieses Baumes die Gegensätze. Das Fruchtfleisch duftet höchst übel, man kann mit Fug sagen, es stinkt, dieweil die Kerne, insbesondere geröstet, delikat sind.»
«Eben das Delikate verlangt nach Schutz, den die Ranzigkeit liefert», erklärte Goethe. «Du wirst an einem Ginkgo kaum einmal einen Schädling sehen. Und noch etwas Besonderes zeichnet ihn aus: Er paßt nicht recht zu den Laub- und ebenso wenig oder weniger noch zu den Nadelbäumen. Er ist ein ganz eigener Versuch der Natur, eben ein Fächerblattbaum.»
«Deswegen hat er die Phantasie nicht nur der Dichter beflügelt», warf August ein. «Wir haben als Kinder ‹Entenfuß› gesagt wegen der Watschelform der Blätter. Andere nennen ihn ziemlich übertrieben ‹Elefantenohrbaum›, und die Engländer betonen die Anmutung in der Blütezeit, wenn sie vom ‹Maidenhair Tree› sprechen.»
«Mir scheint», schloß Goethe, «unsere britischen Freunde haben da entschieden die poetischere Sicht.» Sprach's, bat, man möge ihn entschuldigen, und trennte sich von den jungen Leuten. Fürs erste war er der Neugier entronnen.

*

Den Abend verbrachte Goethe allein und widmete ihn ganz dem Gedicht, das er endlich weitestmöglich abrunden wollte. Die von dem Ginkgo-Gedicht heraufgerufene Erinnerung an den «Divan», einst auch ein Liebesproß, hatte ihn inspiriert. In Weimar würde unter dem Andrang der Geschäfte und des Liegengebliebenen außerdem wohl wenig Ruhe für Verse sein. Und wie sich mit einem gewissen Anlauf am weitesten springen läßt, so nahm er wieder den Calender vor und schlug die Strophe auf, die er auf der Fahrt von Schleiz nach Hof entworfen, aber noch recht roh belassen hatte. Sie wollte er jetzt in die Abschrift überführen und dabei polieren:

«Die Fähigkeit zu lieben ...» Das stellte Goethe nun um, damit es rascher floß:

«War Fähigkeit zu lieben, war Bedürfen
Von Gegenliebe weggelöscht verschwunden; ...»

Durch die andere Anordnung konnte er den radikalen Prozeß des Verschwindens von Lieben und Gegenlieben aus Herz und Bewußtsein noch radikaler fassen. Das Wort «weggelöscht» trat entschlossen an die Stelle von «fast». Und auch die nächsten Verse profitierten von der Inversion:

«Ist Hoffnungslust zu freudigen Entwürfen,
Entschlüssen, rascher That sogleich gefunden; ...»

Das Prädikat «ist» war an die Spitze gerückt und ersetzte den Artikel «Die». Präsens beherrschte nun die Szene, und im zweiten Vers entstand dadurch Platz für ein «sogleich» statt des bisherigen «neu», auch das ein Gewinn an Gegenwärtigkeit und an Unmittelbarkeit. Im Anschluß bekam auch das die Strophe endende Verspaar, das bisher noch eine große Lücke in der letzten Zeile aufwies, ebenfalls endgültige Gestalt:

«Wenn Liebe je den Liebenden begeistet,
Ward es an mir auf's lieblichste geleistet;»

Ende des Anlaufs und Ende von Strophe elf. Nun galt es, eine Brücke zu finden zu jenem bisherigen Schluß, bei dem es um den grausamen Kampf von Tod und Leben ging. Goethe hatte einen sehr direkten Fortgang im Auge und so die Abschrift nur mit einem Semikolon beendet. Er entnahm

dem Calender wieder die dritte Papierlage und bedachte, wie er die Wirkung der geliebtesten Nähe, die Wandlung des ganzen Menschen unter ihrem Eindruck fassen sollte. Dazu bedurfte er des konkreten Erlebnisses, das ihm im Besingen unverlierbar werden sollte. Er schloß daher abrupt, apodiktisch an:
«Und zwar durch Sie! ...»
Mit diesem Ausruf eröffnete Goethe die nächste Strophe, die dankend daran erinnerte, wie im Beisein der Geliebten Bangen und Schwere, Schauer und Beklommenheit verflogen, denn unter ihrer Sonne keimte wieder Hoffnung. Goethe suchte nun in der Folgestrophe nach höchstem Vergleich für das Beseligende solcher Liebe und fand ihn in einem Apostelbrief. Die Formel mochte ihm aus Kindertagen geblieben sein, als er noch eifrig den Gottesdienst besucht hatte, den die Pastoren gern mit dem Segen beschlossen: «Und der Frieden Gottes, welcher höher ist als alle Vernunft, bewahre eure Herzen und Sinne in Christo Jesu. Amen.» Nur dieser religiöse Bezug zum Gottesfrieden schien ihm nun auszureichen, um die Herzensruhe zu fassen, die vom «allgeliebten Wesen» ausging.
In Strophe vierzehn bestätigte Goethe den Bezug, indem er lieben und «fromm sein» in eins setzte, das Liebesstreben als religiöses Bedürfnis verklärte. Mit einem Schwenk vom Himmlischen zum Kosmischen ging es in der nächsten Strophe weiter, in der er die Geliebte erneut mit der Sonne verglich, vor deren Blick und «Athem» aller Starrsinn verging und nur Anschauen blieb. Und so würde die Liebste in den Versen der sechzehnten und siebzehnten Strophe selbst zur Lehrmeisterin, die dem Dichter empfahl, wie sie selbst ganz dem Augenblick zu leben. Auch dies in bibli-

scher Anlehnung: «Darum sorget nicht für den anderen Morgen, denn der morgende Tag wird für das Seine sorgen.» Es hieß, von den Lilien auf dem Felde zu lernen oder von den Kindern, die dem Moment sich weihen. War man wie sie, dann war man «unüberwindlich».

Doch das konnte der Dichter nicht leisten. Sein Dichten speiste sich ja aus dem Rückblick, versuchte dem Schmerz zu entfliehen, den die Trennung jetzt und in alle Zukunft bedeutete. Fast salopp versuchte er die Kluft zu überwinden und schrieb wie kopfschüttelnd:

«Du hast gut reden dacht ich ...»

Nein, die Geliebte konnte ihn nicht verstehen in ihrer Kindlichkeit, und er vermochte in seiner Verstoßenheit ihre Lehre nicht zu beherzigen. In dieser achtzehnten Strophe zerbrach die noch einmal zurückgerufene Seligkeit der Nähe zu einem Wesen, dem die «Gunst des Augenblicks» verliehen war. Der Dichter an ihrer «holden Seite» konnte sich nur für kurze Frist in der Illusion sonnen, das Paradies wiederzugewinnen, das in Nichterkennen besteht. Er aber hatte von den verbotenen Früchten gekostet, die am Baum der Erkenntnis wuchsen, und wie die ersten Menschen den Schrecken der Scham darüber empfunden, daß er nackt und der Welt preisgegeben war.

Fast hätte der Schock ihn um das einzige gebracht, das ihm geblieben war, die Fähigkeit, das Leid zur Sprache zu bringen. Ratlos hieß es in der zwanzigsten Strophe hinsichtlich dessen, was nun zu tun wäre: «Ich wüsst es nicht zu sagen ...» Erst «gränzenlose Thraenen» lösten die Blockade. Ihnen hätte sich der Dichter nun am liebsten ganz überlassen: «So quellt denn fort ...»

Goethe schob die beschriebenen Bogen weg. Er saß wie zerstört am Tisch, ihn fröstelte. Mit Mühe erhob er sich. Was sonst unfehlbar über solche herbeigegrübelte Schwäche hinweg half, die tägliche Erinnerungsarbeit am Tagebuch – nicht einmal dazu hatte er die Kraft. Die bloße Vorstellung, jetzt noch John zum Diktat zu holen, ließ ihn schaudern. Nein, das mußte bis morgen warten.

*

Goethe schlief tief und traumlos. Wie verwandelt erwachte er am frühen Sonntag, gestärkt zu neuen Unternehmungen. Nachdem er John den Bericht vom gestrigen Tage (ohne Erwähnung der Ginkgo-Episode) diktiert und einige Besucher empfangen hatte, machte er sich zur südlichen Vorstadt auf, wo Döbereiner, der leitende Chemiker der Universität, im sogenannten Hellfeldischen Haus seine Wohnung und sein Laboratorium hatte. Der Mittfünfziger war seit 1810 in Jena tätig. Zwar ging seine Berufung nicht auf Goethe persönlich zurück, doch erkannte dieser sehr schnell die Fähigkeiten des aus der Gegend um Hof stammenden gelernten Pharmazeuten. Daß der neue Ordinarius wie er selbst die Vornamen Johann Wolfgang führte, förderte vielleicht auch die sich rasch entwickelnde Freundschaft zwischen beiden.

Döbereiner hatte die Forschungseinrichtungen für Chemie und die zugehörige Bibliothek zügig und trotz Geldmangels umfänglich ausgebaut. Er selbst und auch Goethe, dem nicht nur als Minister, sondern auch qua eigener Interessen an der Förderung der Naturwissenschaften gelegen war, hatten immer wieder Spender zu gewinnen vermocht, unter anderen die Erbprinzessin Maria Pawlowna, Tochter des russischen Zaren Paul I. und seit 1804 mit Prinz Carl Friedrich verheiratet, dem ältesten Sohn von Großherzog Karl August.

1816 hatte man daher das besagte Haus erwerben können, das auch deswegen dringend erforderlich geworden war, weil Döbereiner mit seiner kinderreichen Familie bis dahin in ziemlich beengten Verhältnissen hatte leben müssen. Jetzt tollten die Kinder durch den Garten, und er konnte nach Herzenslust forschen, was vordem im Alten Schloß schwierig gewesen war, weil der Schloßvogt die Arbeitszeit der Professoren streng reglementiert hatte. Leider mußten die Vorlesungen immer noch dort stattfinden, denn für ein Auditorium war selbst das große Haus nicht groß genug. Goethe traf Döbereiner trotz des Sonntags im Laboratorium an, wo er eine Demonstration für seinen hohen Gast vorbereitete.

«Seien Sie mir gegrüßt, mein lieber Bergrat», sagte Goethe beim Empfang. «Wie ich sehe, lassen Ihnen die Elemente keine Ruhe. Sie rücken ihnen mit allen Mitteln zu Leibe und ringen ihnen die Geheimnisse ab. Und ich sehe zudem mit Freude, daß Sie mir heute den neulich schon brieflich angekündigten Versuch zeigen wollen. Ich bin gespannt.»

«Es ist eine hohe Ehre für mich, Eure Exzellenz», freute sich Döbereiner, «daß Sie von Ihren wenigen Stunden an der Saale etwas für die Scheidekunst opfern. Wie Sie wissen, habe ich in diesem Sommer mit Platinpräparaten experimentiert. Und dazu habe ich für Sie ein Beispiel aufgebaut: Vorn die verschließbare Wanne mit Eisen- und Zinkspänen. Daneben haben wir einen Mörser mit Platinstaub und am Ende der Versuchskette ein Becken für etwaig anfallende Flüssigkeit.»

«Wie sind Sie denn darauf gekommen, sich gerade dem Platin näher zu widmen?» fragte Goethe.
«Am Anfang stand ein Zufall», versetzte Döbereiner. «Ich hatte Platinschwamm liegen und stellte fest, daß dieser aus zunächst ungeklärtem Grunde Wärme entwickelte. Endlich kam ich darauf, daß dies mit dem in der Nähe veranstalteten Experiment mit Wasserstoff zu tun haben mußte.»
«Einem anderen wäre das vermutlich gar nicht aufgefallen», meinte Goethe. «Wie oft begegnen uns Sonderbarkeiten, und wie selten nur gehen wir ihnen auf den Grund. Weil die Zeit fehlt, weil uns die Fähigkeit zum Wundern verkümmert ist oder weil wir zu oft gescheitert sind mit Erklärungen.»
«Ja, Zähigkeit gehört zum Forschen vielleicht mehr noch als Genie», bestätigte der Chemiker. «Doch lassen Sie uns zur Tat schreiten: Ich gebe nun in die Wanne mit den Metallspänen verdünnte Schwefelsäure. Wasserstoff bildet sich. Ich leite ihn auf den Platinstaub. Und nun warten Sie.»
Goethe beobachtete fasziniert die Verrichtungen des Professors und sah allmählich das Platin erglühen, Wasser sich in das Auffanggefäß abscheiden.
«Wie ist denn diese Reaktion zu erklären?» fragte er. «Sie haben doch keine Wärme und auch keine Elektrizität zugeführt. Ist das ein reiner Oberflächeneffekt?»
«So ist es», sagte Döbereiner. «Das Platin beschleunigt offenbar die chemische Reaktion, bei der sich ohne jede Mitwirkung von anderen Potenzen der Wasserstoff mit dem Luftsauerstoff zu Wasser verbindet und dabei Wärme freisetzt. Das Platin bleibt von der Reaktion unberührt und kann zur Erzielung des Effekts jederzeit wieder genutzt werden.»

Er hatte inzwischen die Öffnung für den Wasserstoffzutritt mit einem Hahn abgesperrt, öffnete ihn nun wieder und konnte so erneut den nämlichen Effekt bewirken.
«Wir nennen die Beteiligung des Platins bei der Verbindung der beiden Gase zu Wasser eine katalytische», erklärte der Versuchsleiter.
«Und was mag hinter dem Prozeß stecken?»
«Die so sehr erhöhte Verbrennlichkeit des Wasserstoffs», meinte Döbereiner, «kann eigentlich nichts anderes sein als das Resultat eines höchst gesteigerten, positiven elektrischen Zustands desselben.»
«Sind da nicht Anwendungen praktischer und vielleicht sogar profitabler Natur denkbar?» fragte Goethe.
Döbereiner nickte: «Ich habe bereits eine Apparatur entwickelt, die das Prinzip nutzt.» Und er wies auf einen durchsichtigen Zylinder mit diversen Düsen und Hebeln: «Darin ist Wasserstoff, den ich dosiert über einen Platinschwamm leite, welcher das Gas entzündet. Das Flämmchen kann ich zum Anbrennen von Kerzen oder zum Erzeugen von sonstigem Feuer einsetzen. Ich denke, mit einer solchen Zündmaschine würden wir Eindruck machen.»
«Wenn Sie ein verläßliches Modell haben, lieber Bergrat», erklärte Goethe begeistert, «dann müssen Sie unbedingt Seiner Durchlaucht die Maschine vorführen. Serenissimus hat ein Faible für solche Wunderwerke.»
Goethe war Feuer und Flamme für das nützliche Gerät und beglückwünschte Döbereiner zu seinem Geschick. Von der entsprechenden Veröffentlichung, die der Professor in Vorbereitung hatte, erbat er ein Exemplar für sich. Gern hätte er noch weitere Experimente gesehen, doch die Mittagszeit war herangekommen. Er wurde zum Essen erwartet.

*

«Mein lieber Oberst», sagte Goethe zu Baron Lyncker, «ich fürchte, Sie werden mich fürderhin des öfteren als Ihren Mittagsgast begrüßen müssen.»
«Fürchten? Müssen?» gab der Angesprochene erstaunt zurück. «Im Gegenteil: Eine höhere Ehre ist nicht leicht denkbar, Exzellenz. Doch, um Ihre Formulierung aufzunehmen: Woher rührt Ihre Furcht?»
«Es ist eine Ehr-Furcht», erwiderte Goethe, «eine, die aus der Küche kommt, und insofern eher eine vor Ihrer Frau als Herrscherin über die Speisen als eine vor Ihren militärischen Fähigkeiten.» Goethe lachte und wies auf die wunderbar angerichteten Platten, die Frau von Lyncker hatte auftischen lassen: «Solche Delikatessen ziehen unwiderstehlich an», fuhr er fort, «denn daß die Liebe durch den Magen gehe, ist mehr als eine Redensart. Sie geht aber auch durch den Kopf, weshalb ich immer interessiert bin zu erfahren, wie ein so himmlischer Geschmack wie etwa der dieser Vorsuppe geschaffen wird. Dürfen gnädige Frau aus Ihrem Labor darüber Mitteilung machen?»
«O gewiß», versetzte die Hausfrau, «auch auf die Gefahr hin, daß ich die Rezeptur in Ihrem nächsten Werk ausgeplaudert finde. Bei Suppen ist gute Vorbereitung die halbe Zubereitung: Alles sollte zur Hand sein, damit keine Unterbrechungen nötig werden und sich die Appetitlichkeit stufenlos entfaltet.»
Diese Beschreibung gefiel Goethe ausnehmend, und er bat die Gastgeberin um eine Aufzählung all dessen, was zum Glücken dieser legierten Suppe erforderlich sei.
«Als Basis brauchen wir», führte Frau von Lyncker aus,

«eine herzhafte Rindsbouillon, schon tags zuvor bereitet und ein wenig vorgewärmt. Butter und Mehl sollten am Herd stehen, Milch, Muskatnuß und Salz ebenfalls. In einer Tasse müssen einige Eigelbe, also vom Eiweiß getrennte, auf ihren Einsatz warten.»

«Und der Sauerampfer, und die jungen Hopfenkeime?», fragte Goethe, der sich einen weiteren Teller der Vorsuppe hatte geben lassen.

«Geduld, Exzellenz, nur Geduld», lächelte die Dame des Hauses. «Ich denke, diese Tugend ist nicht nur beim Reifen poetischer Werke dringend geboten. Natürlich haben auch die Einlagen schon gewaschen und vorbereitet zu sein. Sie sind aber erst in zweiter Linie gefordert.»

«Verzeihen Sie meine Voreiligkeit, Verehrteste», sagte Goethe. «Ich möchte nur während Ihres Vortrags mitschmekken, was Sie berichten, obwohl ich mir sehr klar darüber bin, daß das Ganze mehr ist als die Summe seiner Ingredienzien und der zugeführten Wärme.»

«Nun denn also rasch weiter», fuhr die Baronin fort. «Butter in einen Topf geben und erhitzen, Mehl hinzufügen, das aber noch blaß sein sollte, wenn nunmehr die Bouillon eingerührt und alles zusammen aufgekocht wird. Abschmecken mit Muskatnuß und Salz und die Suppe bei geringer Hitze köcheln lassen. Nach einer halben Stunde werden die Eigelbe topfschwingend daruntergezogen.»

«Hört sich fast alchimistisch an», meinte Goethe, «und klingt ein wenig nach Äquilibristik: Darunterziehen, Topfschwingen, Einrühren – alles recht waghalsig. Und doch scheint in der Küche das Hantieren immer so einfach zu sein und wie selbstverständlich.»

«Eine gute Köchin weiß die Handgriffe und ihre Reihenfolge ohne Nachdenken. Und sie hat die Keime des Hopfens während des Köchelns der Suppe längst weichgekocht und Brotwürfel knusprig geröstet. Ampfer und Hopfen dünstet sie dann mäßig, richtet sie auf tiefen Tellern an und übergießt sie mit der fertigen Suppe. Brotwürfel nimmt jeder nach gusto aus einer eigenen Schale.»

«So hat denn der Genießer auch noch mitgeholfen», freute sich Goethe. «Die Dosierung der schmackhaften Würfel spielt ja keine unwesentliche Rolle bei der Abrundung der Suppe. Zu viele können sie den Charakter kosten, zu wenige oder gar keine wären nicht nach meinem Sinn.»

Oberst von Lyncker hatte nachsichtig und geduldig das Küchengeplauder verfolgt. Er kannte seinen Goethe, der immer alles ganz genau wissen wollte. Nun schien es aber Zeit für einen Themenwechsel:

«Manches gute Rezept», schaltete sich Lyncker ein, «und wohl auch dieses verdanken wir unserem Maître François Goullon, der Jahrzehnte lang die herzogliche Familie mit seinen Künsten verwöhnt hat und heute in seinem ‹Hôtel de Saxe› residiert. Als ich 1780 als 14jähriger Page an den Hof kam, war er schon da und hat mir manchen Rat gegeben, wie wer zu behandeln sei und was mir keinesfalls unterlaufen dürfe.»

«Ich habe Sie damals kaum bemerkt», sagte Goethe. «Wir waren alle zu sehr beschäftigt mit Genie-Spielen und Tändelei, mit Theater und Musik.»

«Wenn ich nur an die Rustiziererei in Tiefurt denke», sagte Lyncker erinnerungsschwer. «Wir hatten die Last, die hohen Herrschaften ergingen sich in Schäfereien und waren ungnädig, wenn einmal eine Illuminierung nicht so strahlte, wie's gefordert ward.»

«Auf der Rückseite von Festen sieht es meistens wenig festlich aus», räumte Goethe ein. «Ich habe die Zeit aber als bedeutend und geistreich im Sinn.»
«Oh, ich will keineswegs alles bekritteln, Exzellenz», beeilte sich Lyncker zu versichern. «Wie herrlich saß Ihre Hoheit, die junge Herzogin, zu Pferde, und wie belehrend war es für uns Pagen, die Herren Dichter glühend streiten zu hören. Da nahm man die Fron schon gern in Kauf, die es etwa bedeutete, Seiner Durchlaucht die schweren Schüsseln ein über das andere Mal zu servieren.»
«Womit wir wieder bei der Küche wären», lachte Goethe. «Keine Angst, mein Freund, ich werde Ihre Geduld nicht noch einmal so ausgiebig strapazieren.» Er erhob sich, dankte für Belehrung und Bewirtung, sagte sein Kommen auch für den nächsten Tag zu und verabschiedete sich.

*

Noch ein Weimarer Gast stellte sich an diesem Sonntag ein, doch dieses Mal ein sehr willkommener, von dem keinerlei Spitzelei oder unziemliches Interesse zu gewärtigen war: Johann Peter Eckermann, der erst im Juni bei Goethe seinen Antrittsbesuch gemacht hatte, war in den wenigen Tagen, die ihm damals mit dem Dichter vor dessen Reise in die böhmischen Bäder geblieben waren, als fähiger Redakteur und bescheidener Helfer erwiesen. Der Sohn eines Wanderhändlers aus Winsen an der Luhe hatte sich durch Förderer ausbilden und in eifrigem Selbststudium mit der literarischen Welt vertraut machen können. Er war zu einem glühenden Bewunderer Goethes geworden. Angekündigt durch eine Sendung mit Huldigungsgedichten, war er vom Dichter empfangen worden, der in Erinnerung an die verehrenden Verse unwillkürlich schmunzeln mußte, jetzt da der spitznasige, aber weichlippige Dreißigjährige mit dem strähnigen Haar vor ihm stand:

«Wie der Jüngling manche Schöne preiset,
Der und der sich huldigend erweiset;
Doch zu süßer, wandelloser Minne,
Eine nur, die ganz nach seinem Sinne.

So auch mögen von des Liedes Meistern
Manche mich zu hohem Lob begeistern;
Aber einer ist, von dem ich sage,
Daß ich einzig ihn im Herzen trage.

Und wie jener, wenn er wohl gewählet,
Gar zu gern von seiner Lieb' erzählet,
Und wie gerne vor der Leute Blicken
Sucht mit seiner Liebe sich zu schmücken;

So auch hätte ich ein groß Gelüsten,
Frey mit meinem Meister mich zu brüsten, –
Und ich sinne, wie ich dieses könne,
Ohne daß ich euch den Hohen nenne.»

Riemer, über den Eckermann diese minniglichen Strophen an den «Meister» geschickt hatte, war damit nicht sehr diskret umgegangen, was denn Eckermann noch vor seiner Ankunft in Weimar manchen Spott eingetragen. Das wollte Goethe damit gut machen, daß er den beflissenen Adepten nahe zu sich heranzog, wobei dessen Nützlichkeit freilich nicht wenig ins Gewicht fiel. Er hatte dem jungen Mann vor seiner Abreise Jena als belebenden Ort empfohlen:

«Sie finden dort», hatte er in Aussicht gestellt, «die verschiedenartigsten Quellen und Hilfsmittel für weitere Studien, auch einen sehr gebildeten geselligen Umgang; und überdies ist die Gegend so mannigfaltig, daß Sie wohl fünfzig verschiedene Spaziergänge machen können, die alle angenehm und zu ungestörtem Nachdenken geeignet sind.»

Jetzt freute sich Goethe, daß Eckermann seinem Rat gefolgt war. Und besonders erfreulich war ihm, daß er ihm so prompt entgegengekommen war, allerhand inzwischen Fertiggestelltes mitgebracht hatte und ihm für weitere Arbeiten zur Verfügung stand.

«Mein lieber Eckermann», begrüßte er den Ankömmling. «Sie kommen zu guter Stunde, denn wir dürfen nun nicht länger die Geschäfte aufschieben, die wir im Sommer besprochen. Doch ehe wir uns morgen in die Arbeit stürzen, will ich Ihnen den Sonntag mit einem Spaziergang auf den Spuren meiner Jenenser Jahre bereichern.»

Die beiden schlenderten durch die Gassen der kleinen, nicht einmal 5000 Seelen beherbergenden Stadt, und Goethe machte den Begleiter auf die markanten Punkte aufmerksam. Schließlich betraten sie einen Garten, und Goethe sagte:

«Sie wissen wohl kaum, an welch merkwürdiger Stelle wir uns eigentlich befinden. Hier hat Schiller gewohnt, der seit 1789 Professor in Jena war. In dieser Laube, auf den jetzt fast zusammengebrochenen Bänken haben wir oft an diesem alten Steintisch gesessen und manches gute und große

Wort miteinander gewechselt. Er war damals noch in den Dreißigen, ich selber noch in den Vierzigen, beide noch in vollstem Aufstreben, und es war etwas. Das geht alles hin und vorüber; ich bin auch nicht mehr, der ich gewesen, aber die alte Erde hält Stich, und Luft und Wasser und Boden sind noch immer dieselbigen.»

Goethe sah sinnend in die Runde, und sein großer Blick schien weit in eine lebens- und gedankenvolle Vergangenheit vorzudringen.

«Man hat mir berichtet», unterbrach Eckermann schließlich das Schweigen, «es habe lange gedauert, ehe Sie und Schiller frei im Umgang miteinander geworden seien.»

«Persönlich und poetisch trennte uns viel», nickte Goethe. «Da war einmal der Altersunterschied, immerhin zehn Jahre, dann die nervöse Hast, mit der Schiller alles zu erledigen suchte, als habe er bereits gewußt, wie wenig Zeit ihm gegeben war. Obendrein rauchte er gar furchtbar, der lange storchbeinige Schwabe mit den blau-tiefen Erlöser-Augen über dem stets verschnupften Haken der Nase, machte die Nacht arbeitend zum Tage und verschlief viel helle Zeit. Mir kam zudem zu Ohren, daß er mich egoistisch schalt und mir wohl auch die gute Stellung neidete.»

«Dichterisch aber, denke ich», fragte der junge Mann, «muß doch Achtung vor einander zu gutem Einvernehmen oder gar zu einer Zusammenarbeit geführt haben?»

«Nicht sogleich. Nach meiner Rückkunft aus Italien», erklärte Goethe, «wo ich mich zu größerer Bestimmtheit und Reinheit auszubilden gesucht hatte, fand ich in Deutschland Dichtwerke in großem Ansehen, von ausgebreiteter Wirkung, die mich äußerst anwiderten; dazu gehörten ganz zuvörderst Schillers ‹Räuber›.»

«Wie?» wunderte sich sein Begleiter. «Das furiose Spiel gegen die Tyrannen? Das mißfiel Ihnen?»
«Nun ja, in meiner Situation mußte mir ein Stück verhaßt sein, in dem ein kraftvolles, aber unreifes Talent gerade die ethischen und theatralischen Paradoxen ausgegossen hatte, von denen ich mich zu reinigen gestrebt.»
«Es muß außerordentlichen Rumor gemacht haben», sagte Eckermann, «Schillers Freiheits-Feuerwerk.»
«Freiheit wozu?» fragte Goethe streng. «Zu wilder Form und zu Zügellosigkeit. Nicht jeder Herr ist ein Despot. Wie konnten meine Iphigenie, mein Tasso neben einem tobenden Karl und einem schurkischen Franz Moor Gehör finden? In einer Zeit zudem, als blutige Signale aus Frankreich herüberschrillten? Aber ich will nicht ungerecht sein, und die Jugend Schillers in Anschlag bringen. Mein ‹Götz› war ja auch nicht für das Damenstift.»
«Und was hat Euer Exzellenz bewogen», fragte Eckermann, «dann doch den Schritt über den Graben zu wagen auf den Dichter des ‹Wallenstein› zu?»
«Damit haben Sie ein richtiges Stichwort gegeben», antwortete Goethe. «Das Drama entstand zwar um einiges nach unserem glücklichen Zusammenfinden, doch sein Geist erfüllte Schiller schon lange zuvor, so daß eine Brücke gegeben war. Ich kann sogar den Tag angeben, an dem wir sie betraten und uns mittig trafen: 20. Juli 1794.»
«Ging es dabei um Poetisches?» erkundigte sich Goethes junger Begleiter.
«Eher um Philosophisches. Doch das soll hier nicht umständlich noch einmal erörtert sein. Genug, das Gespräch war äußerst lebhaft, es ward viel gekämpft und dann Still-

stand gemacht. Keiner von beiden konnte sich für den Sieger halten, beide hielten sich für unüberwindlich. Der erste Schritt jedoch war getan.»
Goethe sprach lange über den damals einsetzenden innigen Verkehr mit Schiller und seiner Familie, denn auch Schillers Frau hatte Anteil am Gelingen dieser einmaligen Freundschaft. Hier wagte Eckermann einen höchst gewundenen Einwurf dahingehend, daß er vernommen habe, umgekehrt sei seine, Goethes, Frau nicht unbedingt herzlich im Hause Schiller aufgenommen worden.
«Die Mäuler der Lästerer», lächelte Goethe, «haben nicht still gestanden, solange meine liebe Frau auf Erden wandelte. Auch nicht, nachdem wir geheiratet haben. Doch weder vorher noch nachher sind wir aneinander irre geworden, wenn auch gerade die Zurückhaltung der Schillers zunächst schmerzlich war. Doch Schiller und ich brauchten einander so sehr, daß dies nur einen kleinen Schatten werfen konnte. Wir wechselten unablässig Briefe, auch dann noch, als der Freund 1799 von Jena nach Weimar in meine Nähe gezogen war.»
«Es müßte doch für die gebildete Welt von hohem Interesse sein», warf Eckermann ein, «die Korrespondenz in ihren großen Zügen kennenzulernen.»
«Mit dieser Meinung, werter Freund», versetzte Goethe, «stehen Sie nicht allein. Und ich habe auch schon weitgehend alles beisammen. Auch meine an Schiller gerichteten Schreiben hat man mir dankenswert lückenlos zur Verfügung gestellt. Insgesamt dürften so tausend Stücke in den zehn Jahren, die uns gemeinsam vergönnt waren, hin und her gegangen sein. Verleger Cotta hat schon begehrlich angefragt, und ich werde mich nächstens an die Redaktion

machen. Wollen Sie daran teilhaben? Es sollte mich sehr freuen.»

Er reichte Eckermann die Hand und sagte herzlich: «Bleiben Sie bei uns, und nicht bloß diesen Winter, wählen Sie Weimar zu Ihrem Wohnort. Ich bin seit fünfzig Jahren dort, und wo bin ich nicht überall gewesen! Aber ich bin immer gern nach Weimar zurückgekehrt.»

*

Es war, als wäre Goethe ein Magnet. Daheim angekommen, fand er die Karte des Kanzlers Friedrich von Müller vor, zuständiger Minister für die Justiz im Großherzogtum. Auch dieser war eben aus Weimar eingetroffen. Mit dem Karrierebeamten Müller pflegte der Dichter schon lange vertrauten Umgang und las nun erfreut, daß dieser ihn gegen sechs des Abends abzuholen gedachte, um mit ihm und einigen anderen Gästen den Abend beim Buchhändler und Verleger Frommann zu verbringen. Der nun auch schon fast sechzigjährige Carl Friedrich Frommann hatte sein Geschäft seit einem Vierteljahrhundert in Jena, und Goethe hatte fast von Anfang an zu den Freunden des Hauses am Fürstengraben 23 gehört. Dort fand er bei seinen Arbeitsklausuren in der Stadt abendliche Zerstreuung und geistvolle Gespräche.

Müller kam vor der Zeit, und so war Gelegenheit für einen Spazierumweg, auf dem sich Goethe nach dem Neuesten vom Hofe erkundigen konnte. Müller war wie immer bestens informiert und teilte dem von ihm verehrten Geheimrat von seinem Wissen gern und ausgiebig mit. Goethe dankte ihm und fügte zufrieden hinzu:

«Es hat ja eine Zeit so ausgeschaut, als nähme es Ihnen der Großherzog krumm, daß Sie damals nach der Katastrophe von Jena so scheinbar umstandslos ins napoleonische Lager gewechselt sind. Doch ich sehe Sie schon lange wieder ganz im Herzen der Macht. Das freut mich.»
«Was hätte ich damals anderes tun können?» fragte Müller. «Seine Durchlaucht war vom preußischen Rückzug mitgerissen. Der Bestand seines Herzogtums war in großer Gefahr und mit dem Sieger nicht zu spaßen.»
«Wie Sie wissen, habe ich immer Ihren Part vertreten», versetzte Goethe. «Doch nach dem Sturz des Kaisers wurden die Kritiker wieder sehr laut.»
«Sie haben beim Großherzog kein Gehör gefunden, obschon ich Fürsprecher wie Sie, Exzellenz, sehr nötig hatte. Ich werde Ihnen das nie vergessen.»
«Und ich Ihnen nie», verbeugte sich Goethe, «daß Sie bei den französischen Behörden für Schonung gesorgt haben. Um ein Haar wäre es mir ergangen wie der Freundin von Stein, und die Marodeure hätten auch mein Haus geleert und verwüstet. Es waren schwere Zeiten, und die Abende bei unserem Frommann entsprechend begrüßte Lichtblicke.»
«Ihnen der wichtigste», lachte Müller, «war dort wohl Minchen Herzlieb, das liebliche achtzehnjährige Pflegetöchterlein.»
«Ja, ich liebte das scheue junge Ding damals mehr als billig», gestand Goethe mit einem wehmütigen Lächeln. «Minna wärmte mit ihrer Anmut mein bedrängtes Herz und weckte Verse, die mich über Riemer und Werner im Wettstreit der Sonette triumphieren ließen.»
«Artigerer Dank dafür», meinte Müller, «ist wohl kaum je

einem Mädchen geworden. Sie haben die Kleine mit einer Zeile unsterblich gemacht. Es war schnell herum, wer gemeint war mit den Worten im zehnten Sonett: ‹Lieb Kind! Mein artig Herz! Mein einzig Wesen!› Der Name wird in der Teilung und Umkehrung kaum verborgen.»

«Sollt ich's verstecken, was am Tage war? Ich habe ihr mit dem zwölften Sonett sogar ein ‹Christgeschenk› gesandt.»

Goethe war stehen geblieben und rezitierte:

«Mein süßes Liebchen! Hier in Schachtelwänden
Gar mannigfalt geformte Süßigkeiten.
Die Früchte sind es heil'ger Weihnachtszeiten,
Gebackne nur, den Kindern auszuspenden!»

Kopfschüttelnd ging er weiter. «Wie lange liegt auch das schon zurück! Was ist denn aus Minna geworden? Ich habe sie nicht wieder angetroffen bei den Frommanns. Wie ich höre, hat sie einen braven Professor geheiratet.»

«Ach», antwortete Müller, «geheiratet wohl, doch zum Segen wohl nicht. Schon als ihre erste Verlobung zerbrach, klagte ihr Ziehvater, das ‹Geistchen›, wie Sie das schöne Kind einmal genannt haben, tauge wohl nicht für den Alltag. Jetzt soll sie in der Ehe trübsinnig geworden sein.»

«Ich habe es kommen sehen», sagte Goethe. «Wesen wie sie gehören einem anderen Elemente an; sie sind eigentlich unberührbare Naturen, die der Schonung bedürfen und denen doch auf Erden nicht zu helfen ist.»

«Man sagt», erkundigte sich Müller, «auch Ihre zarte Ottilie in den ‹Wahlverwandtschaften› trage Züge von Minchen?»

«Derartige Spekulationen überlasse ich gern den Philologen», gab Goethe zurück. «Warum braucht denn ihre Schulweisheit stets einen irdischen Namen für Geschöpfe der Dichtung? Was ist mit solchem Hinabziehen gewonnen?»

Die beiden hatten den Spaziergang wieder aufgenommen und langten bald bei Frommann an. So gern Goethe hierher kam, so verdrießlich war ihm ein anderer Besucher. Nein, heute würde er wohl nicht sonderlich lange verweilen, wenn Professor Fries das Feld zu behaupten beabsichtigte. Dieser Philosoph sagte Goethe aus mehreren Gründen nicht zu. Er hatte sich an demokratischen Umtrieben beteiligt, und er hatte, was freilich schwerer wog, eine wenig freundliche Rezension der «Farbenlehre» verfaßt. Anonym natürlich, offenbar war er also auch noch feige. Und zudem dumm. Wie konnte er annehmen, dem Dichter würde die Verfasserschaft verborgen bleiben?

Gottlob hatte Fries soviel Gespür, daß er Goethes Vorbehalte empfand und sich bald empfahl. So wurde es doch noch ein schöner, typischer Frommannscher Abend mit vielfältigen Erinnerungen.

*

Wie vorgesehen begann der Montag mit Eckermann. Er sollte zeigen, wie er mit der vor der Reise vereinbarten Arbeit vorangekommen war. Goethe hatte dem neuen Helfer die Manuskripte seiner Rezensionen in den «Frankfurter Gelehrten Anzeigen» zum Redigieren anvertraut, das heißt von solchen Rezensionen, die er meinte seinerzeit, nämlich 1772 und 1773, verfaßt zu haben. Er hatte sich dazu die beiden Jahrgänge schicken lassen, war sie durchgegangen und hatte einige ihm vielleicht zugehörige Artikel abschreiben lassen. Da die Beiträge ohne Verfassernamen erschienen

waren, konnte er ein halbes Jahrhundert später nur noch mutmaßen, was aus seiner Feder stammte. Sein in der Frühzeit noch bei weitem nicht so ausgeprägter Stil gab ihm beim Abwägen wenig Hilfe, da die damaligen Mitautoren, unter anderen Herder, Merck und Schlosser durchaus im selben Ton der Geniezeit geschrieben hatten. Von Eckermann erhoffte er sich Rat und Hinweise, welche Texte mit einiger Sicherheit von ihm stammten und welche womöglich noch heute von Interesse wären. Bei der Abreise hatte Goethe ihm gesagt:
«Sie finden in diesen beiden Bänden die ‹Frankfurter Gelehrten Anzeigen› der Jahre 1772 und 1773, und zwar sind auch darin fast alle meine damals geschriebenen kleinen Rezensionen. Diese sind nicht gezeichnet, doch da Sie meine Art und Denkungsweise kennen, so werden Sie sie schon aus den übrigen herausfinden. Ich möchte nun, daß Sie diese Jugendarbeiten etwas näher betrachteten und mir sagten, was Sie davon denken. Ich möchte wissen, ob sie wert sind, in eine künftige Ausgabe meiner Werke aufgenommen zu werden. Mir selber stehen diese Sachen viel zu weit ab, ich habe darüber kein Urteil. Ihr Jüngeren aber müßt wissen, ob sie für euch Wert haben und inwiefern sie bei dem jetzigen Standpunkte der Literatur noch zu gebrauchen.»
Nun schauten sich beide die Eckermannsche Auswahl an, nahmen dies oder das noch hinzu, verwarfen wieder anderes, überlegten, wo eventuell aus Rücksicht auf erwähnte Personen oder zum Zwecke der Verdeutlichung etwas zu ändern wäre, und welche Indizien einwandfrei für Goethes Urheberschaft sprachen. Bei einem Text kam es zu längeren Erörterungen. Einerseits fand ihn Goethe eher neben-

sächlich, zumal da nicht einmal der von der Kritik betroffene Autor benannt war, sondern nur als «polnischer Jude» figurierte. Andererseits führte Eckermann triftige Argumente dafür ins Feld, daß gerade dieser Text ein «echter Goethe» sei. Er las dazu einige Zeilen aus der Rezension vor:

«Aber dann, o Genius, laß ihn ein Mädchen finden, seiner wert! Wenn ihn heiligere Gefühle aus dem Geschwirre der Gesellschaft in die Einsamkeit leiten, laß ihn auf seiner Wallfahrt ein Mädchen entdecken, deren Seele ganz Güte, zugleich mit einer Gestalt ganz Anmut, sich im stillen Familienkreis häuslicher tätiger Liebe glücklich entfaltet hat. Die Liebling, Freundin, Beistand ihrer Mutter, die zweite Mutter ihres Hauses ist, deren stets liebwürkende Seele jedes Herz unwiderstehlich an sich reißt, zu der Dichter und Weise willig in die Schule gingen, mit Entzücken schauten eingeborne Tugend, mitgebornen Wohlstand und Grazie.»

Der scheue Eckermann hatte sich, grammatischer Patzer nicht achtend, in eine Art Rausch gelesen. Jetzt hielt er tief atmend inne und rief dann:

«Das ist Werther, das ist Lotte!»

Goethe lächelte über den begeisterten jungen Literaten, stimmte aber der Diagnose bei, denn wahrhaftig: Hier erklang Inbrunst, hier brach sich Sehnsucht Bahn, die der Rezensent beim besprochenen Autor vermißt haben mochte. Bedenken aber blieben.

«Ich weiß doch nicht», zögerte Goethe, «ob ich mir, ob ich dem Publikum damit einen Gefallen tue. Wie gerne legen mich Übelwollende auf eine antijüdische Haltung fest und nehmen sie zugleich als Instrument für eigene Feindschaft gegen das beharrlichste Volk der Erde, welches das merkwürdigste Buch der Welt aus sich heraus geschrieben hat.»

«Dem bibelschöpferischen Volk entsteht doch kein Schaden», wandte Eckermann ein. «Sie haben doch nur das schlechte Poem ein schlechtes Poem geheißen und visioniert, wie ein gutes auszusehen hätte.»

«Dann tut es aber eigentlich nichts zur Sache», sagte Goethe, «daß ein Jude das Gedicht gemacht hat und ein polnischer zudem. Solche sind ja besonders der ungerechten Verachtung ausgesetzt. Redigieren wir das aber hinaus, dann zerfallen Eröffnung und Schluß, und wir können den Text ganz ausscheiden.»

«Um Vergebung, Euer Exzellenz, wenn ich hartnäckig bleibe: Wir haben unter unseren momentan gut dreißig Stükken ja auch das frische ‹Über die Liebe des Vaterlandes› und da sagen Sie klar: ‹So haben die Juden Nation und Patriotismus, mehr als hundert leibeigene Geschlechter.› Das zeigt doch Ihre wahre Achtung.»

«Gewiß, und ich kann außerdem auf meine zahlreichen jüdischen Freunde weisen, unter denen mir Rahel Varnhagen von Ense, die frühere Levin, besonders lieb ist, obschon ich die Ehe zwischen Juden und Christen so gern nicht sehe. In solchen geistreichen Kreisen indes rangiert Kultur vor Kultus, so daß es hingehen mag. Sonst aber ist Einheit in religiöser Überzeugung notwendig für das Gefüge des Volkes, dem Mischung schaden könnte. Niemand lebt uns das konsequenter vor als das jüdische Volk.»

«Vor Mißdeutungen ist man in diesen politischen Zeiten nie sicher», seufzte Eckermann, «doch um diesen Text wäre es zu schade. Er ist gerade nicht wegen des kritisierten Gegen-

standes merkwürdig, sondern aufgrund des Rates zu poetischer Behandlung von Liebesdingen.»
«Nun gut», lächelte Goethe erneut, «Sie sollen gewonnen haben. Tun Sie's zu den Guten ins Töpfchen. Wenn nur ein einziger Dichter davon Gewinn zieht, haben wir es nicht vergeblich in unseren Kanon aufgenommen. Doch genug für heute. Morgen bewältigen wir das Restliche, noch ehe es ans Packen für die Heimreise geht.»
Eckermann wollte sich verabschieden, doch Goethe hielt ihn noch einen Moment zurück, indem er sagte: «Vielleicht machen Sie sich einige Notizen über das eben Besprochene? Es ist ja so, daß der Schreibende eigentlich sprechen sollte. Wenn es bei einem mündlichen Vortrage möglich wird, manches in verschiedenen Rücksichten wiederkehrend darzustellen, so ist dieses ein großer Vorteil, welchen das geschriebene, das gedruckte Blatt vermißt.»
«Ich habe bereits notiert», gestand Eckermann schüchtern, «was wir bisher besprochen, und wollte ohnedies schon um Erlaubnis einkommen, weiter so zu verfahren.»
«Wer könnte es Ihnen verwehren?» schmunzelte Goethe. «Gut jedoch, daß Sie mich unterrichten. Es mag ja vorkommen, daß ich manches Notat für unratsam halte, worüber wir uns dann verständigen können.»
«Solche Absprache wird mir den Wert des Festgehaltenen unendlich steigern, Euer Exzellenz. Ich habe längst bemerkt, welch reichen Schatz Sie im Gespräch sehen, ja ich habe oft das Gefühl, daß selbst Ihre Diktate wie Dialoge mit vorgestellten Personen verlaufen.»
«Sie sind ein guter Beobachter, mein lieber Eckermann. Meine Wertschätzung des lebendigen Wortes habe ich ein-

mal in einen Kurzdialog gefaßt: ‹Was ist herrlicher als Gold? – Das Licht. – Was ist erquicklicher als Licht? – Das Gespräch.› Da haben Sie mein ganzes Bekenntnis.»

*

Als Goethe am Montagabend die Rückschau auf diesen 15. September diktierte, den zehnten Tag nach der Abreise aus Karlsbad, sah diese nach einer kurzen Bemerkung über die Arbeit mit Eckermann so aus:
«Auf's Mineralogische Cabinet, alles in schönster Ordnung, sowie neue bedeutende Akquisitionen vorgefunden. Von da auf die Bibliothek, gleichfalls die beste Ordnung und Reinlichkeit, nicht weniger regelmäßig fortschreitende Arbeit, wodurch der Abschluß der ersten Einrichtung als bald erreichbar zu übersehen stand. Zu Hause Besuch von Fräulein Ulrike. Speiste bei Obrist von Lyncker, mit Knebels und dem jungen Stark. Fräulein Ulrike, welche bei Frommanns gespeist hatte, kam nachher.»
Wie immer teilte Goethe nur Fakten mit, kaum Wertungen oder Meinungen. Was mit den genannten Personen geredet worden war, blieb wie fast stets unnotiert. Auffällig nur, wenn jemand an einem Tag zweimal erwähnt wurde. Eckermann mochte so gegen halb elf Uhr vormittags gegangen sein, so daß nach den Besichtigungen von Cabinet und Bibliothek für das erste Gespräch mit Augusts Schwägerin Ulrike nur eine knappe Stunde zur Verfügung gestanden hatte. Goethe mußte sich ja für den Besuch bei Lyncker erfrischen und umkleiden, und Ulrike hatte auch noch Toilette zu machen für das Essen bei Frommanns. Die besagte Stunde hatte offensichtlich nicht genügt, die in Rede ste-

henden Themen zu erschöpfen, weswegen am Nachmittag weitergesprochen wurde.
«Wie schön, daß du noch einmal kommst», empfing Goethe Ulrike. «Möchtest du einen Tee? Für mich wird ohnedies eine Kanne bereitet.»
Ulrike dankte, nahm nur etwas vom bereitgestellten Gebäck, und Goethe eröffnete so:
«Du hast mir bisher nur berichtet, daß alle Damen in Weimar Vorlieben für den einen oder anderen der in Scharen einfallenden Engländer zeigen. Du sprachst sogar von einer Art englischer Krankheit. Hat sie dich nicht befallen, ein so hübsches Kind wird doch nicht immun sein?»
Bewußt wählte Goethe wieder die Offensive, weil er sich noch immer nicht zur offenen Aussprache hatte durchringen können. Da mochte die anmutige Spionin zehnmal den Namen Ulrike führen. Und da schon vor seiner Abreise im Juni Gerüchte über einen Flirt Ottiliens mit dem ansehnlichen, noch nicht zwanzigjährigen Charles Sterling die Runde gemacht hatte, spielte er die englische Karte. Sie stach.
«Daß ich's nur gestehe, Vater», sagte Ulrike. «Auch mir ist einer der Offiziere nicht gleichgültig, ob ich gleich weiß, daß Captain Smith für jede schwärmt, die ihm begegnet, daß er Familie hat und ohnedies bald wieder fort ist. Außerdem kommen sie ja alle nur, Goethes Weimar zu sehen, und fahren enttäuscht fort, wenn sie dich nicht antreffen.»
«Und Ottiliens Sterling?» fragte Goethe mit komplizenhaft gedämpfter Stimme. «Er ist ja auch um meinetwillen gekommen, aber geblieben, selbst nachdem ich abgereist war.»
«Mit Sterling ist es freilich etwas anderes», meinte Ulrike.

«Es scheint ernster. Mir sagt die Schwester ja kaum etwas darüber, aber Freundin Adele Schopenhauer hat nicht mißzuverstehende Andeutungen über die Leidenschaft Ottiliens gemacht, die ihrem Ursprunge nach zwar keine sei, was jedoch nichts über den Fortgang sage.»
«Nun, da werde ich wohl selber nach dem Rechten sehen müssen», meinte Goethe. «Wie stellt sich denn August dazu; er kann ja sehr zornig werden?»
«Alle Welt bewundert ihn», versetzte Ulrike, «daß er so gelassen bleibt. Er sagt kühl und doppeldeutig, von dem, was für seine Frau Reiz habe, lasse er sich nicht reizen. Er sieht in der Affäre wohl nur Überspanntheit oder, wie du es einmal genannt hast, eine bloße Wut, aufgeregt zu sein. Nicht einmal Berichte von verfänglichen Situationen, in denen man die beiden betroffen haben will, beunruhigen ihn.»
«Ich nähme es sicher nicht so geduldig hin, wenn Britannien sein Empire bis in mein Haus ausdehnte», grollte Goethe. «Man kann Liberalität auch zu groß schreiben.»
«Man erzählt sich aber», wandte Ulrike schüchtern ein, «du seist auch immer mit einem Lachen darüber hinweggegangen, wenn andere über die Tanzfreudigkeit der verehrten Geheimrätin gelästert haben.»
«Wenn zwei dasselbe tun, Töchterchen», sagte Goethe, «ist es nie dasselbe. Alles Handeln und Dulden bekommt seine Färbung und seine Sittlichkeit erst durch das Individuum. Das begreifen viele nur schwer und messen mit Maßen, die für ihre Welt taugen mögen.»
«Es steht doch niemand über der Moral?»
«Nein, darüber nicht, aber doch in einem je anderen Verhältnis zu ihr.» Es klang wie ein Schlußwort. Und es war

auch so gemeint. Er war der Neugier wiederum entschlüpft und hatte ein klares Signal gesetzt: Laßt mir meine Ulrike oder doch das Sehnen, dann will ich gnädig über eure Verirrungen urteilen. Goethe erhob sich. Er habe noch zu schreiben, sagte er und geleitete seinen Gast vor die Tür. Prüfend betrachtete er den Himmel. Offenbar zog ein Gewitter auf. Die ersten Windböen schüttelten bereits die Bäume, und es wetterleuchtete am eindunkelnden Horizont.

Daß er noch arbeiten wolle, war nicht nur ein Vorwand, sondern entsprach der Einsicht, daß nun wohl die letzte Gelegenheit gegeben war, sein Gedicht abzuschließen. Der morgige Abend würde bereits belastet sein mit Vorbereitungen auf Weimar, wohin es am Mittwochvormittag gehen sollte. Goethe sichtete die Entwürfe und die Bearbeitungen des Gedichts. Er hatte alle Strophen inzwischen abgeschrieben und einige kleine Veränderungen vorgenommen.

Und das Ergebnis seiner Selbstvergewisserung in dieser lebensbedrohenden Krise, die Bilanz? Ernüchternd, erschütternd, ja trostlos: Die Ankerplätze fürs zerrissene Herz waren geprüft und alle für untauglich befunden worden: Das Paradies war nur in der Erinnerung, also als verlorenes zu imaginieren, Natur und Welt boten keinen Halt, Bilder der Geliebten am Himmel wie im Herzen erwiesen sich als Trug, die Zeit entfloh und der «kindliche» Rat der Liebsten, sich ganz an die «Gunst des Augenblicks» zu verlieren, ließ sich nicht leben. Nicht einmal mit «Flammenschrift» vermochte der Dichter dem Glück Dauer zu verleihen, Worte waren machtlos angesichts der Endlichkeit von Leben und Lieben. Nach der «zu tausend malen» unternommenen Be-

schwörung der Geliebten konnte er nur beinahe achselzuckend fragen:
«Wie könnte dies geringstem Troste frommen?
Die Ebb' und Flut, das Gehen wie das Kommen!»
Nur dieser aussichtslose Befund verlangte noch nach Ausdruck. Als wolle er die Summe ziehen, setzte Goethe wie schon unter die erste Strophe unter diese bisher letzte einen geschweiften Strich und schrieb den zweistrophigen Abgesang nieder, der schon seit Tagen in seinem Innern Gestalt angenommen hatte: Abschied von den Weggenossen, Absage an die Illusion der Naturergründung, Erkenntnis der eigenen Verlorenheit, der Verstoßung durch die Götter:
«Sie drängten mich zum gabeseligen Munde,
Sie trennen mich, und richten mich zu Grunde.»
Goethe schrieb diese Worte ziemlich gefaßt. Der Schmerz war ihm zum vertrauten Begleiter geworden, mit dem er umzugehen gelernt hatte. Er vermochte sogar zuweilen mit ihm zu scherzen. Möchte wissen, dachte er, was die Herren Philologen aus dem «gabeseligen Munde» machen werden. Bei ihrer Sucht nach Konkretem werden sie sicher irgendwelche Kirschlippen dahinter vermuten, denen mich die Götter entrissen. Dünken sich gescheit und bringen's doch nicht weiter als die Schlüssellochgucker.
Goethe übertrug die der dritten Papierlage des Calenders anvertrauten Verse ohne nennenswerte Änderungen sogleich in die Abschrift, so daß er nun eine zusammenhängende Version des Gedichts hatte. Den Calender legte er wieder in die Mappe, in der er auch die Abschriftsbogen aufhob. Er vergaß aber, die zusätzliche Papierlage wieder einzuschieben, weil es klopfte und ein Bedienter

fragte, wann er das Zimmer für die Nacht herrichten dürfe.

«Sogleich», sagte Goethe. «Leg Er die Sachen vom Tisch einfach in die Kommode. Ich habe noch Besuche zu machen.» Er griff zum Mantel und überließ dem Diener das Feld.

Weimar

Wie werde ich das heimatliche Haus vorfinden?, rätselte Goethe, als am Mittwochmorgen Jena hinter ihm lag. In drei Stunden würde er wieder in Weimar sein. Daß er immer gern dorthin zurückkehrte, hatte er gerade erst Eckermann versichert. Doch das war sozusagen dienstlich gesprochen gewesen und ohne Gedanken an den Versuch jener «unmöglichsten Synthese», die von den Seinen als Bedrohung empfunden wurde. Nicht daß er sich nun gefürchtet hätte, aber er wehrte sich innerlich dagegen, daß er jemandem Rechenschaft schuldig sein sollte, und stünde ihm dieser Jemand noch so nahe. Außerdem: Inzwischen war vermutlich jedes Gespräch über die Marienbader Verwicklungen ohndies nur noch Gerede, weil die Bindungen sich bereits lösten und konkrete Folgen gar nicht mehr anstanden. Es sei denn, er fände in Weimar einen Brief vor ... Ganz abgeschlossen war für ihn das Gewesene noch nicht. Es ragte mindestens innerlich noch schmerzend, weil vielleicht doch nicht völlig hoffnungslos, in die Gegenwart. Goethe zwang sich zur Ruhe und suchte sich durch die Betrachtung der vorüberziehenden Landschaft abzulenken. Der Weg führte nach Schwabhausen hinauf durch stark landwirtschaftlich genutztes Gelände, in dem noch Inseln von allmählich bunt werdendem Mischwald standen. Der beherrschende Eindruck aber war ländlicher Fleiß, denn jetzt in der Erntezeit sah man allenthalben Menschen in Gärten oder auf Feldern einbringen, was sie im Frühjahr dem Boden zur Vermehrung anvertraut hatten oder was ihnen von der Natur durch Obstbäume geschenkt wurde. Gespanne begegneten der herrschaftlichen Kutsche und wichen in Wegeinmündungen aus. Singend zogen Landarbeiter aufs Feld, Kinder sammelten Fallobst. Ein großes, farbiges, friedvolles Tableau, das Goethe sanft von seinen trüben Gedanken löste.

Als er sich satt geschaut hatte, entnahm er seiner Reisetasche ein soeben in Berlin erschienenes Buch mit dem Titel «Goethe in den Zeugnissen der Mitlebenden», das der Herausgeber Karl Varnhagen von Ense, Ehemann der Freundin Rahel, an August geschickt hatte mit der Bitte, es Goethe zum Geburtstag zu überreichen. Der Sohn hatte es ihm nach Jena mitgebracht. Von Varnhagen waren Stimmen versammelt worden, die den Dichter priesen und ihre Bewunderung für ihn und seine Werke auf alle erdenkliche Weise ausdrückten. Sehr freundlich, dachte Goethe, dem die geballte Schmeichelei unbehaglich war und auch nicht in allen Stücken gefallen wollte. Wie leicht könnte man dem Buch eines mit mißwollenden Zeugnissen über mich zur Seite stellen, das sicher weit unterhaltsamer ausfiele, wie ja auch die Schurken auf der Bühne meist mehr Effekt machen, als es edelste Charaktere vermögen. Ein solches Negativbuch könnte mit dem großen Friedrich von Preußen beginnen, der meinen «Götz» so «verabscheuungswürdig» und so «abgeschmackt» fand, allerdings unter unabsichtlich ehrender und als Schmähung gedachter Vergleichung mit Shakespeare. Den

Beschluß des Büchleins müßte der arme Kotzebue liefern.

Der Zwietrachtstifter mit dem seltsamen Namen, erinnerte sich Goethe, hat es trotz seiner unstreitigen Erfolge als Stückeschreiber im Grunde nie verwunden, daß er in der Heimat kein Hofamt erhalten hat. Warum ich daran Schuld tragen soll, wird ewig sein Geheimnis bleiben. Doch recht war mir seine Wut durchaus, ersparte sie mir doch den persönlichen Umgang. Für mein Theater habe ich Kotzebue gern genutzt, auch wenn er bei seinem ausgezeichneten Talent eine gewisse Nullität nicht verbergen konnte und alles Treffliche herabzog, um dadurch selbst um so trefflicher zu erscheinen. Wer wie dieser geifernde Neider sich Schillern andient, um ihn gegen mich einzunehmen, hat von wirklicher Größe eine erbärmliche Kammerdienervorstellung. Ausgerechnet bei der Totenfeier für seinen Helden hatte er die Stirn, meinen «Epilog zu Schillers Glocke» zerpflücken zu wollen, mit den Argumenten eines Dorfschulmeisters. Nun, Gott hab ihn selig! Sein blutiges Ende durch Mörderhand habe ich ihm nicht gewünscht, obwohl er noch in diesem Schaudertod nach mir griff: Man wußte, daß mich der Täter nur anderthalb Jahre zuvor besucht hat. Ob ich ihm vielleicht den Haß eingeimpft hätte, fragten sich manche hinter der Hand. Absurder geht es nicht, aber es zeigt, daß ein übelwollendes Stück über mich durchaus Freunde und Absatz fände.

Goethe legte das Buch in die Tasche zurück und schaute erneut hinaus. Linker Hand jenseits der Ilm war bereits die dreitürmige Silhouette von Schloß Belvedere zu sehen, Residenz des Erbprinzenpaars. Die Brücke zur Stadt war kaum noch eine Stunde weit, und von dort zu seinem Haus am

Frauenplan würde die Kutsche nur wenige Minuten brauchen. Nun kam doch so etwas wie Nervosität in ihm hoch. Nur gut, daß die Kleinen die Begegnung mit der Schwiegertochter dämpfen würden. Auch war mit Abladen und mit Auspacken zunächst so viel zu tun, daß nicht recht Gelegenheit zu Fragen der wenig erwünschten Art bestünde.

*

Die Buben ließen ihn kaum aussteigen. Sie waren beim ersten Anblick des Wagens losgerannt, der fünfeinhalbjährige Walther vorweg, Wolfgang, der morgen seinen dritten Geburtstag feiern sollte, hinterdrein, so schnell ihn die kurzen Beinchen tragen wollten. Besuche waren für sie nichts Besonderes und weckten nur mäßige Aufmerksamkeit. Aber daß der Apapa endlich wieder da war, mit dem man so herrlich spielen konnte und der immer eine Geschichte wußte, das war ein Freudentag! Goethe mußte stürmische Zärtlichkeiten über sich ergehen lassen, nachdem er endlich aus dem Wagen hatte klettern können. Schwiegertochter Ottilie stand in der Haustür und sah dem Begrüßungstrubel zufrieden lächelnd zu. Für sie waren in der unsicheren Lage die beiden Kinder das größte Kapital. Goethe würde kaum riskieren, daß sie mit der Familie sein Haus verließen.
Der Gedanke stand ihr ins Gesicht geschrieben, als sie den Schwiegervater, an dem die Enkel immer noch nestelten, mit einer Umarmung empfing. Goethe gingen unwillkürlich die Verse durch den Kopf, die er Ottilie, der unter seinen Augen aufgewachsenen Gattin seines Sohnes, vor drei Jahren gewidmet hatte:

«Ehe wir nun weiterschreiten,
Halte still und sieh dich um:
Denn geschwätzig sind die Zeiten,
Und sie sind auch wieder stumm.

Was du mir als Kind gewesen,
Was du mir als Mädchen warst,
Magst in deinem Innern lesen,
Wie du dir es offenbarst.

Deiner Treue sei's zum Lohne,
Wenn du diese Lieder singst,
Daß dem Vater in dem Sohne
Tüchtig-schöne Knaben bringst.»

Fast unverblümt hatte er damit ausgedrückt, wie genau er wußte, daß Ottilie an jenem 17. Juni vor sechs Jahren weniger August als ihn selbst geheiratet hatte. Ihre Familie, die verarmten, aber altadligen von Pogwischs und die mütterlicherseits ebenso armen, aber noch adligeren Henckel von Donnersmarcks, war ohnehin gegen seinen spät legitimierten Sohn gewesen, und auch Ottilie selbst hatte dem schwerblütigen August wenig abgewinnen können. Doch seinem eigenen Werben im Namen dieses Sohnes hatte das quirlige Persönchen, sein «verrückter Engel», wie er manchmal sagte, schließlich nachgegeben. Und er hatte die von ihm beförderte Wahl Augusts bis heute nicht bedauert, schon wegen der Kleinen nicht, an denen er mit «großväterlicher Affenliebe» hing, wie er selbst eingestand.

Plappernd folgten sie ihm nun in seine Zimmer und überhäuften ihn mit Fragen, während er das Nötigste einräumte und die eingegangene Post sichtete – der befürchtet-ersehnte Brief war nicht darunter. Und die Kinder hingen auch noch an ihm, als er zum Empfangstee mit Ottilie im kleinen Eßzimmer Platz genommen hatte.

«Nun gebt einmal Ruhe!» bat er die Enkelchen, wohl wissend, daß dies wenig fruchten würde, wenn er es nicht mit einem verlockenden Angebot verband. «Lauft zu Stadelmann. Der hat euch etwas mitgebracht.»

Der Vorschlag wirkte unfehlbar, nicht nur wegen der Neugier auf das Geschenk, sondern auch weil es bei Stadelmann ganz besonders interessant war. In seiner Stube fand sich immer etwas zu basteln, gab es lustige Spiele, konnte man ausgiebig in Schatztruhen wühlen, traf man oft die Köchin an, die stets irgendwelche Leckereien bei sich hatte. Und es roch so gut nach Leder und Putzzeug. Walther nahm den kleinen Bruder bei der Hand, und fort waren die beiden.

«Nun wirst du gleich fragen», eröffnete Goethe das Gespräch mit Ottilie, «wie meine Kur verlaufen und was ich in meinen Briefen nicht angesprochen habe. Bitte laß uns die Themen aufheben bis zum Abend. Kanzler von Müller und der gute Meyer haben sich angesagt. Da werde ich ohnedies zu berichten haben. Erzähl lieber du aus den vergangenen Wochen. Was hat es denn auf dem Theater gegeben?»

«Nichts sonderlich Neues», versetzte Ottilie, die mit Schwester Ulrike und Freundin Adele stets eifrig das Schauspiel besuchte. «Jedenfalls nicht auf der Bühne. Aber dahinter setzte es wieder einige Unruhe, weil die despotische Jagemann, pardon: Frau von Heygendorf, wieder einmal auf Umbesetzungen bestanden hat. Nicht wenige im Ensemble versuchen auf Durchlaucht einzuwirken, daß er wieder dich beruft.»

«Um keinen Preis!» wies Goethe die Idee von sich. «Ich habe die Leitung seinerzeit nur kommissarisch übernommen. Daß mehr als zwei Dutzend Jahre daraus geworden sind, hat eigentlich die hohe Zeit gemeinsam mit Schiller bewirkt. Danach schleppte es sich nur und ward mir mehr und mehr zur Last.»

«Du bist dann ja auch freiwillig gegangen», warf Ottilie halb fragend ein.

«So haben wir es nach außen dargestellt», sagte Goethe. «Doch Serenissimo blieb schließlich nichts anderes übrig, als aus dem verqueren Verhältnis zwischen seiner Favoritin und mir die Konsequenz zu ziehen. Das war mir nicht verborgen, und ich habe die erste Gelegenheit genommen, ihm die Entscheidung zu erleichtern.»

«Von der ulkigen Geschichte sprechen heute noch viele, Vater», bemerkte Ottilie. «Welches Stück machte denn den Auftritt eines Hundes erforderlich?»

«Erforderlich ist ein solcher nie», antwortete Goethe, «jedenfalls keiner eines leibhaftigen Viechs. Und das war es ja gerade. Von dem Stück wäre nichts mehr in Erinnerung, wenn es nicht den Eklat geliefert hätte.»

«Den Titel bekomme ich nicht mehr zusammen», sagte Ottilie, «obwohl ich mich des Ärgers trotz meiner seinerzeitigen Hochzeitsvorbereitungen durchaus entsinne oder vielleicht gerade deswegen. Was in so merkwürdige Zeit fällt, bleibt wohl besonders haften.»

«Aber nicht unbedingt in den Details», versetzte Goethe. «Das herzlich unbedeutende romantische Stückchen hieß

‹Der Hund des Aubri de Mont-Didier oder Der Wald von Bondy›. Ich weilte gerade in Jena und hatte mich von dort aus überhaupt gegen die Aufführung eines so künstlich dramatischen Dramas ausgesprochen. Daß es dennoch auf den Spielplan gesetzt wurde, war natürlich auf die Jagemann zurückzuführen, hier paßt nur der Mädchenname. Und auch daß der Pudel auf die Bühne kam, war ihr Werk. Sie hatte Serenissimum beschwatzt, was bei seiner Hundevernarrtheit nicht schwer war. Ich aber konnte nach der Verletzung meines Theatergesetzes nicht im Amt bleiben.»

«Wärest du bei jedem anderen Tier auch so konsequent gewesen?» wollte Ottilie wissen.

«Sicherlich», meinte Goethe. «Schon allein aus Selbstachtung. Allerdings wußte die Jagemann nur zu gut, daß ein Hund mir besonders sauer aufstoßen würde. Ich hatte mich einmal in ihrer Gegenwart zu der Äußerung hinreißen lassen, daß der bloße Anblick von bellenden unvernünftigen Tieren die Menschen verblöde. Es muß ihr ein diebisches Vergnügen gewesen sein, mich ausgerechnet mittels eines solchen zu vertreiben.»

«Trägst du es ihr nach?»

«Ich bin ihr dadurch gewiß nicht näher gerückt. Doch nachtragen? Nein. Sie hat mir im Grunde ja einen Gefallen getan, und außerdem schätze ich ihr Talent als Mimin. Sie war von Anfang an wie für die Bretter geboren und gleich in allem sicher und entschieden, gewandt und fertig wie die Ente auf dem Wasser. Außerdem: Was könnte ich schon gegen die Herzdame unseres Fürsten ausrichten?»

*

Der Abend kam, es brachten seine Gäste, Meyer und Müller, ein unvermutetes Thema mit.
«Dank zum Besten, Exzellenz, für die Einladung», sagte der Kanzler und ging freudig dem in den Saal eintretenden Goethe entgegen. «Meyer und ich haben uns den Spaß gemacht, gleich zweimal in Ihr Obergeschoß zu steigen.»
Goethe hob fragend die Brauen, während er seinen Kunstfreund Meyer begrüßte. «Wie das?»
«Nun», erklärte Müller, «wir wollten sehen, ob es sich auf der Haupttreppe besser schreite als auf der gewendelten. Das Ergebnis ist zwiespältig: Die Wendeltreppe ersteigt man fixer, dafür kommt man sich auf dem breiten Aufgang würdiger vor und in gewissem Sinn auch willkommener. Das muß am Steigungsverhältnis liegen.»
«So bewußt habe ich mir das nie gemacht», lachte Goethe. «Doch Sie treffen genau meine Absicht, die ich beim Umbau 1792 verfolgt habe. Ich hatte damals noch frisch meinen Palladio und meinen Besuch im Kloster Santa Maria della Carità in Venedig im Kopf, wo die schönste Wendeltreppe von der Welt mit offener weiter Spindel in die Wand gemauert ist. Die steinernen Stufen sind so geschichtet, daß eine die andere trägt; man wird nicht müde, sie auf- und abzusteigen.»
«Warum aber haben Sie die Haupttreppe so viel flachstufiger anlegen lassen?» fragte Meyer.
«Flacher und zugleich tiefer im Auftritt», sagte Goethe. «Dieser Aufgang dient ja weniger der Bequemlichkeit als dem feierlichen Schreiten, gegebenenfalls auch zu zweit, weswegen er auch direkt in den Saal und nicht wie die Wendeltreppe in das Urbino-Zimmer führt. Daher vielleicht auch der Eindruck des offiziellen Willkommens. Doch ge-

nug der Stufen», wechselte er den Gegenstand. «Machen wir es uns nebenan behaglich. Ich fühle mich erst richtig zu Hause, wenn mir die Wände näherrücken als hier im langen Saal.»

Die drei Herren folgten Ottilie in das sogenannte Deckenzimmer, wo bereits Gläser, kleine Teller und Gebäckschalen bereit standen. Und noch etwas zierte den Tisch: eine eigens für den aus der Schweiz stammenden Meyer von Ottilie bereitete Zürcher Pfarrhaustorte.

Der so Geehrte klatschte in die Hände und fragte, ob er das runde Kunstwerk anschneiden dürfe, was die Künstlerin natürlich lächelnd genehmigte. Meyer zerlegte die Torte mit dem erhöhten knusprigen Rand kunstgerecht in saubere Stücke, ohne die halben Apfelscheiben zu beschädigen, die das Innenleben der süßen Versuchung dominierten. Er servierte jedem eine Ecke und nahm dann, genießerisch die Augen schließend, eine Kostprobe.

«Ah», sagte er wieder in die Runde blickend, «es ist an nichts gespart. Ich schmecke sogar den Schuß Zitronensaft und die Prise Zimt. Hier war jemand mit Zeitgefühl am Werk: Das Himbeergelée ist eben noch weich genug und zugleich ganz Teil der Torte. Madame, Sie haben einem alten Eidgenossen eine Riesenfreude gemacht.»

Ottilie strahlte, Müller amüsierte sich über die drollig-begeisterte Dankesrede, und Goethe sah mit Wohlwollen auf die gemütvolle Szene. Nach den ersten Bissen erkundigte er sich bei den Gästen nach den Getränkewünschen und ließ auf einhellige Bitte einen Rheinwein kommen, den ihm die Willemers geschickt hatten.

«Zur Feier der Wiederkehr darf es ein edleres Gewächs sein», sagte er in Vorfreude auf den baldigen Schluck. «In

Marienbad waren wir dieses Mal auch recht verwöhnt, weil Durchlaucht Vorzügliches aus dem Schloßkeller hatte mitführen lassen. Das internationale Publikum sollte bemerken, daß die Weinkultur auch im Norden Heimat hat.»

Da saßen sie nun beisammen, seit Jahren vertraut miteinander: der Hausherr und die Schwiegertochter als Dame des Hauses, der alerte Kanzler und der biedere Maler Meyer, den alle Welt wegen seines alemannischen Idioms den «Kunscht-Meyer» nannte. Er stand Goethe noch näher als Müller, schon weil ihre Freundschaft aus Rom herrührte, wo Meyer dem Dichter ein eifriger Führer durch die Schätze von Galerien und Palästen gewesen war. Goethe hatte ihn 1795 endgültig nach Weimar gezogen, wo Meyer es zum Leiter der Freien Zeichenschule gebracht hatte und jahrelang Hausgenosse des Dichters gewesen war, ehe er 1803 geheiratet hatte. Eben dieses Haus, in dem sie saßen, trug die antikisierende Handschrift Meyers, der 1792 den klassizistischen Umbau nach Goethes Wünschen geleitet und Deckengemälde entworfen hatte.

Eigentlich hatte Goethe versprochen, nunmehr von den in der Korrespondenz nie ganz abzuschildernden Erlebnissen während seiner Kur zu berichten. Er tat das auch, aber nicht in der von Ottilie und insgeheim auch von den beiden anderen mit großer Spannung erwarteten Weise über das bislang allseits Beschwiegene oder doch nur flüsternd Beredete, sondern indem er begierig eine Frage von Meyer aufgriff. Der wollte wissen, ob denn am Brunnen und in den vornehmen Salons auch über Literatur parliert werde. «Allgemeines vermag ich dazu nicht zu sagen», erklärte Goethe. «Es könnte ja so sein, daß meine Anwesenheit die Gespräche in solche Richtung lenkt. Und begreiflicherweise kenne ich nur die in meiner Anwesenheit geführten. Sollten sie aber typisch sein, so spielt Literatur eine bedeutsame Rolle im gesellschaftlichen Austausch. Und da gibt es in jedem Jahr besonders aktuelle Gegenstände. Dieses Mal kamen wir bei den verschiedensten Gelegenheiten immer wieder auf Lord Byron, dessen packende Persönlichkeit die Gemüter ebenso bewegt wie sein glänzendes Werk.»

«Insonderheit sein Engagement für den Freiheitskampf der Griechen gegen das türkische Joch sorgt wohl momentan dafür, daß er in aller Munde ist. Er soll bereits auf dem Weg an die hellenische Front sein», sagte Müller.

«Hoffentlich bleibt er unbeschädigt», meinte Goethe. «Es wäre ein unersetzlicher Verlust, wenn der Krieg dieses Licht so früh ausbliese. Mein Dankesblatt hat ihn in Livorno noch erreicht. Nun aber wird er schon über die Adria gesetzt haben in das Land, das ich nie gesehen, sondern nur mit der Seele habe suchen dürfen.»

«Gewiß, das Heldische zieht an», bemerkte Ottilie, «doch auch sein skandalöses Leben setzt und hält das Gerede in Gang. Bei Frau Schopenhauers Teenachmittagen habe ich von ungezählten Liebschaften des Dichters sprechen hören, sogar seine Halbschwester Augusta Leigh soll ihm hörig und noch nach seiner Heirat seine Geliebte gewesen sein. Warum hast du ihm denn geschrieben, Vater?»

«Ich war ihm Anerkennung schuldig für die Widmung eines seiner Werke, worin er sich als meinen Vasallen bezeichnet. Und ich habe ihm nicht eigentlich einen Brief geschrieben, ich habe vielmehr ein Gedicht gemacht für ihn, das ich Sterling bat ihm zu übermitteln.»

Ottilie schob ihren Stuhl ein wenig aus dem Lampenlicht, konnte aber nicht verhindern, daß Goethe die Röte be-

merkte, die ihr bei diesen Worten über das Gesicht gehuscht war. Hastig bat sie: «Kannst du uns die Verse mitteilen?»
«Müller kennt sie schon, warum sollt ihr anderen davon ausgeschlossen sein?» Goethe klingelte und bat den eintretenden John, die Verse «An Lord Byron» aus der Mappe im Arbeitszimmer zu holen. Als John das Verlangte gebracht hatte, reichte Goethe das Blatt Müller:
«Ich bin ja sonst ein Freund des Selbstvortrags, doch solche Huldigungen haben immer etwas Apprehensives. Ich denke, Sie haben da die leichtere Stimme.»
Müller hätte gern zur Brille gegriffen, die er sonst beim Lesen benutzte. Doch er kannte die geradezu heftige Abneigung Goethes gegen die «gewaffneten Blicke», wie er zu sagen pflegte. Er hatte sich immer als großen Feind dieser «Glasaugen» bezeichnet, hinter denen man die natürlichen erst aufsuchen müsse. Also hielt der gute Kanzler den Text am ausgestreckten Arm von sich weg und las feierlich:

«Ein freundlich Wort kommt eines nach dem andern
Von Süden her und bringt uns frohe Stunden;
Es ruft uns auf, zum Edelsten zu wandern,
Nicht ist der Geist, doch ist der Fuß gebunden.

Wie soll ich dem, den ich so lang begleitet,
Nun etwas Traulichs in die Ferne sagen?
Ihm, der sich selbst im Innersten bestreitet,
Stark angewohnt, das tiefste Weh zu tragen.

Wohl sei ihm doch, wenn er sich selbst empfindet!
Er wage selbst, sich hochbeglückt zu nennen,

Wenn Musenkraft die Schmerzen überwindet;
Und wie ich ihn erkannt, mög er sich kennen.»

«Und du sagst, er habe die Strophen noch bekommen?» fragte Ottilie, die ihre Verlegenheit durch Munterkeit vergessen machen wollte.

«Ja, ich bekam noch ein Billett von ihm nach Marienbad. Ich hoffe, es wird kein Adieu gewesen sein. Und was seine Liebschaften betrifft, wie du sagst, so ist Byron wirklich eine ganz ungezügelte Natur und erinnert mich auch wegen seiner Jugend ein wenig an die Werther-Jahre. Nur daß er seine Leidenschaften nicht in der poetischen Gewalt hat, sondern sich und andere daran leiden läßt, das verdunkelt ihn.»

Meyer, dem diese dämonische Figur wider jeden Strich ging, mochte nicht einsehen, daß jemand ein Wüstling und doch zugleich ein großer Künstler sein könne. Was er über das wilde Treiben des Kreises um Byron in seiner Heimat gehört habe, wo der Dichter zeitweilig gelebt hatte, das sei ganz abscheulich, und sein «Don Juan» stehe ganz für diese Ausschweifungen. Das solle Dichtung sein?

«Es scheint widersinning, lieber Meyer», räumte Goethe ein, «und ich gestehe, daß ich gerade dem ‹Don Juan› noch distanziert gegenüberstehe. Aber es ist in diesen Produktionen wie auch in Byrons Biographie etwas wie Verzweiflung über den Weltlauf, die er poetisch zu gestalten versteht, der er persönlich aber hilflos ausgeliefert scheint und blind dagegen anlebt.»

«Trotz Ihrer Distanz», fragte Müller, «erscheint Ihnen aber auch die genannte, noch unvollendete, so umfassend angelegte Erzählung gelungen oder doch bemerkenswert?»

«Alles von Byron hat diesen Rang», versetzte Goethe. «Er ist der einzige, den ich neben mir gelten lasse. Und was die Erzählung angeht, so habe ich einige der ersten Strophen zu übersetzen gesucht. Vielleicht wird darin die dichterische Qualität hörbar. Laßt uns einen Abschnitt lesen.»
Erneut mußte John in Aktion treten, der die Übersetzung aber leicht auffand, weil sie für die nächste Ausgabe von «Kunst und Altertum» vorgesehen und mithin in die aktuellen Unterlagen einsortiert war. Goethe las:

«Vor Agamemnon lebten manche Braven,
So wie nachher, von Sinn und hoher Kraft;
Sie wirkten viel, sind unberühmt entschlafen,
Da kein Poet ihr Leben weiter schafft.
Von unsern Helden möcht' ich niemand strafen,
Da jeder sich am Tag zusammenrafft;
Für mein Gedicht wüßt' ich mir aber keinen
Und nenne so Don Juan mein, den Meinen.»

Goethe sah auf: «Da sind doch wahrhaft Poesie und Leben zusammengebracht. Ganz ehrlich nennt Byron als seinen Helden einen, der wie er von Begierde zu Genuß taumelt und im Genuß nach Begierde verschmachtet.»
«Es wird den Lesern bei dieser poetischen Selbstbearbeitung allerdings allerhand zugemutet», gab Müller zu bedenken. «Freiheit grenzt hier oft an Frechheit.»
«Wir wollen uns daran ja auch kein Beispiel nehmen», erkärte Goethe. «Doch staunen macht schon, wie dem wunderlichen, wilden, schonungslosen Inhalt die technische Behandlung der Verse ganz gemäß ist. Der Dichter schont die Sprache so wenig wie die Menschen.»

Als seine Gäste gegangen waren, saß Goethe noch eine Weile sinnend. Ganz zu erklären vermochte er sich seine Neigung für Byron selbst nicht. Ob er ihm neidete, daß dieser lebte, was er nur gedichtet? Ob er ihn gar stellvertretend für sich die Gefahr, erotisch wie militärisch, suchen ließ? Besonders irritierte ihn die Schwesteraffäre, die ihm Erinnerungen an die Kindheit mit der eigenen Schwester heraufrief. Schauder vor einer Intimität mit einem solchen Wesen schüttelte ihn. Byron hatte offenbar nicht nur Anleihen bei seinem Faust gemacht, sondern wie dieser zugleich selbst etwas von Mephisto.

*

Da ihm noch nicht nach Schlaf war, beschloß Goethe, eine Reinschrift des Gedichts eigenhändig anzufertigen. John schrieb zwar vorzüglich, doch dieses hier war des Dichters ganz persönliche Aufgabe. Er legte Calender und erste Abschrift bereit und suchte nach der dritten Papierlage, fand sie aber nicht. Schließlich mußte er feststellen, daß er sie in Jena vergessen hatte, weil er nicht mehr in die Kommode geschaut, wohin er sie zu legen befohlen hatte. Im Grunde aber machte das nichts, da er ja alles schon auf die Abschriftsbogen übertragen hatte. Auf etwaige Abweichungen, die er nochmals hätte prüfen können, mußte er halt verzichten, wenn er sie nicht mehr auswendig wußte. Als Titel wollte er nur den sprechenden Gattungsbegriff «Elegie» verwenden und ihm ein Motto aus dem «Tasso» folgen lassen.

Er nahm einige der eigens für besondere Zwecke georderten Bogen von starkem Velinpapier im Quartformat und

schrieb mit Tinte auf das erste Blatt den Titel und das Motto:
«Elegie
Und wenn der Mensch in seiner Quaal verstummt
Gab mir ein Gott zu sagen was ich leide.»
Kommata sparte er sich, den gedoppelten Vokal bei «Quaal» setzte er auch in anderen Fällen gern; John, Eckermann oder Riemer würden das in die Norm bringen. Da er den eigenen Wortlaut auswendig zitierte, kam zudem eine Variante in den Text, die er erst als solche bemerkte, als sie auf dem Papier stand. Seinen Tasso hatte er sagen lassen: «wie ich leide». War ihm das «was» unabsichtlich in die Feder geflossen? Je länger er darüber nachdachte, als desto treffender empfand er die Wendung für dieses Gedicht. Es ging ja nicht nur um die Art und Weise irgendeines Leids, schon gar nicht um bloßes Liebesleid, sondern um die Qual der Erkenntnis des Geworfenseins in Zeit und Vergänglichkeit und mithin des Innewerdens der Tatsache, daß nicht ein, sondern der Abschied schlechthin gekommen war. «Was» er litt? Letztlich meinte er: das Sterben.
Aber konnte er mit solcher Aussage leben? «Le soleil ni la mort ne se peuvent regarder fixement – weder der Sonne noch dem Tod vermag man fest ins Auge zu schauen», hatte er neulich bei La Rochefoucauld gelesen, einem der wichtigsten Vorbilder für die eigenen «Maximen», Wie recht er hat, dachte Goethe. Das Sagen vom Tod ist nur uneigentlich zu ertragen wie im Gedicht als scheinbar konkrete Trennung vom geliebten Wesen, der die Aussicht auf Wiederbegegnung nicht gänzlich genommen ist. Die «letzteste» Trennung schwingt zwar immer mit, wurde aber nicht direkt Wort. Hätte ich sonst so angstvoll-hoffnungs-

voll unter den Briefen gesucht? Noch weiß nur meine Poesie vom Tode, den das Scheiden bringt. Unserem Sagen selbst hingegen ist noch nicht das Aus! gesprochen, wenn wir dem Tod nicht zu «fixement» ins Antlitz sehen.
Er schrieb nun nur noch die Eingangsstrophe auf einen weiteren Bogen und setzte darunter den geschweiften Strich. Den Rest hob er sich für den morgigen Tag auf.

*

Wolfgangs Geburtstag brachte am Donnerstagmorgen natürlich allerlei Unruhe. Da für den jungen Jubilar ein Kleinkinder-Frühstück arrangiert war, nahm Goethe den dafür schon viel zu «erwachsenen» Walther mit zum Antrittsbesuch bei Hofe nach seiner Sommerkur. Was bei den Söhnen Goethes und seines Landesherrn, also bei August und Erbprinz Carl Friedrich, nicht recht geglückt war, bahnte sich unter den Enkeln an: Freundschaft zwischen Walther von Goethe und dem gleichaltrigen Prinzen Karl Alexander, Sohn des Thronfolgers und seiner russischen Frau Maria Pawlowna. Deren Schwiegermutter Großherzogin Luise war es, die Goethe zunächst empfing, weil Seine Durchlaucht noch Unterredungen hatte. Bei ihr trafen Großvater und Enkel Goethe auch den kleinen Prinzen, der sich kaum weniger freute, daß der alte Herr wieder da war, als es gestern bei der Ankunft Ottilies Kinder getan hatten. Walther und sein Freund bestürmten Goethe denn auch sogleich, eine Geschichte zu erzählen.
«Kinder, das geht doch jetzt nicht», wehrte dieser nicht sonderlich überzeugend ab. «Seine Hoheit kann jeden Moment erscheinen, und Geschichten vertragen keine Unterbre-

chung. Sie sind dann so wenig bekömmlich wie halbgekaute Bissen.»
«Da kommt deine Hoheit schon, Alter; sei mir willkommen», ließ sich von der Tür der Großherzog vernehmen. «Kinder gehen vor», fügte er an. «Erzähle nur zu!»
«Nun, wenn Euer Durchlaucht einverstanden sind, will ich ein kurzes Stück versuchen, das ich neulich im Bade gehört habe», erklärte sich Goethe bereit.
«Laß die Durchlaucht weg», unterbrach ihn Karl August. «Wir sind unter uns, und den Knaben schadet's nicht, wenn sie lernen, zwischen hohler Etikette und Freundschaft zu unterscheiden.»
«Wie du meinst», sagte Goethe, nahm neben den Kleinen auf dem Fußboden Platz und erzählte:

Die Legende vom frommen Schäfer
Es war einmal ein böhmischer Schäfer namens Pipan. Der vernahm in seinem Dorf im Erzgebirge eines Tages, die Sonne hatte sich eben verfinstert, die Stimme des Heilands: «Du bist mein lieber Pipan; baue eine große steinerne Brücke!» Der fromme Hirte verwunderte sich darob sehr, denn mehr als ein paar wilde Gebirgsbäche gab es weit und breit nicht zu überbrücken. Da erschien ihm ein als Pilger gekleideter Engel, nahm ihn bei der Hand, führte ihn über die Berge ins Elbtal und ließ Pipan staunend am reißenden, über hundert Klafter breiten Strom stehen. Hier also, das begriff der junge Mann, sollte er die geforderte Brücke errichten. Aber wie? Allein war er dazu nicht imstande. Er wußte zwar recht geschickt Schafe zu scheren, aber er hatte allenfalls einmal einen Steg gezimmert. Doch da war der Befehl des Heilands, und da hieß es gehorchen.

Pipan ließ sich beim ehrwürdigen Bischof in Leitmeritz melden, der ungehalten sein Festmahl unterbrach und das seltsame Begehr des ungehobelten Burschen anhörte. Als der Schäfer geendet, schüttelte der Kirchenfürst den Kopf, und nur weil von einem Engel die Rede gewesen war, unterdrückte er gerade noch ein unwirsches «Dummkopf!» Er erklärte, daß es unmöglich sei, einen so wilden Fluß zu überbrücken, selbst wenn der Papst alles Gold Roms dafür opfern wollte. Da ergrimmte Pipan über soviel Ungläubigkeit und verspürte mit einem Mal Riesenkräfte. Er bat den Bischof nach draußen, hob dort einen riesigen Felsen aus dem Grund und warf ihn zwei Meilen weit hinab in den Fluß. Der erhob darüber erhebliches Getose und Geschäume, doch der Felsblock rührte sich nicht.
Der Bischof hatte diesem Tun fassungslos zugesehen und war nun überzeugt, daß hier himmlische Kräfte am Werk waren. Er wies seine Leute an, Pipan nach Kräften zu unterstützen. Mehrmals aber stürzte die Brücke unter dem Druck des Wassers ein, noch ehe sie auch nur halb fertig war. Da erschien wieder der Engel unserem Pipan und sprach: «Baue die Brücke gegen die Strömung geknickt in einem Winkel: schräg auf deinen Felsblock in der Flußmitte zu und schräg von ihm wieder zurück ans andere Ufer. Und wähle Pfeilersockel in Schiffsform, sie brechen die Flut.» Pipan tat wie ihm geheißen, und seitdem gab es auch an der reißendsten Stelle der Elbe einen Übergang, und noch dazu den wohl schönsten am ganzen Strom. Tausend Jahre hat er gehalten. Pipan aber wurde zum Lohn für sein Gottvertrauen in den Himmel entrückt und mußte nicht sterben wie wir.

Die Buben hatten gespannt zugehört, wobei ihnen der Wurf mit dem Felsen natürlich am meisten imponiert hatte. Jetzt wurden sie unruhig, und Goethe schickte sie hinaus zum Spielen. Der Großherzog aber sah seinen Freund erstaunt an und sagte: «Du kannst ja richtig erzählen. Wenn man dein eigenes ‹Märchen› liest, kommen einem ganz bizarre Gedanken und man fragt sich, ob du die Leser foppen möchtest.»

«Du hast mich damit besser verstanden, als du wohl meinst», versetzte der Dichter. «Ich wollte etwas Bedeutendes und zugleich Deutungsloses schaffen, das gleichsam ins Unendliche ausläuft.»

«Ich weiß doch nicht recht», zweifelte Karl August. «Als ich bei dem Gedicht angelangt war, das in merkwürdiger, wo nicht wirrer Weise viele Elemente der Erzählung wiederholt, setzte mir der Verstand ganz aus. Ich hab's dir nie gebeichtet, aber zu Ende lesen konnte ich das Stück nicht. Was bitte soll sich ein Mensch bei wachem Verstand unter der ersten Strophe nur vorstellen?» Und er rezitierte:

«Was helfen mir die vielen guten Zeichen?
Des Vogels Tod, der Freundin schwarze Hand?
Der Mops von Edelstein, hat er wohl seinesgleichen?
Und hat ihn nicht die Lampe mir gesandt?»

«Schau an», lachte Goethe. «Auswendig aber kannst du's. Wie das, wenn es doch so wirr sein soll?»

«Eben darum!» sagte der Fürst. «Es ist wie Zauber, und man murmelt es unwillkürlich vor sich hin, insonderheit dann, wenn es einem unheimlich zu Sinn ist.»

«Muß man auch alles au fond und platterdings verstehen?»

fragte Goethe. «Und wenn dir auch die Fragen wenig sagen mögen, dann doch soviel, daß sich alles zu befragen lohnt, und daß das Wunderbare existiert. Obwohl es der wache Verstand, wie du sagst, nicht wahrhaben will, daß wir in einem Meer von Geheimnissen schwimmen.»

«Gut gut», unterbrach ihn sein Landesherr. «Das ergründen wir jetzt nicht. Aber sag, was wolltest du mit dem Märchen vom Pipan den Kindern mitteilen?»

«Ach, nichts Besonderes», entgegnete Goethe. «Ich nutze das raunende Erzählen gern, den Kleinen etwas beizubringen. In diesem Fall ein wenig Strömungsmechanik.»

«Und daß wir alle sterben müssen», lachte der Großherzog. «Ich kenne dich und merke, wenn dich etwas innerlich beschäftigt. Aber im Ernst: In unserem Alter ist dieser Gedanke nie fern, und ich frage mich manchmal, warum du nicht wie andere resignierst und woher du die Kraft nimmst, immer noch zu produzieren, mir scheint, beinahe mehr als in jungen Jahren. Und dazu noch dein Amt bei mir!»

«Daß du das sagst, ehrt mich doppelt, Hoheit», lächelte Goethe. «Du weißt am besten, was für Lasten zu schultern sind, und du bist ein ganzes Jahracht jünger als ich.»

«Du kannst es nicht lassen mit deiner Titelsucht. Aber die acht Jährchen fallen wirklich kaum ins Gewicht, oder hast du dich anno Fünfzehn für jung gehalten?»

«Natürlich nicht», gestand Goethe ein. «Doch ob mir heute noch wie damals ein ‹Divan› gelänge?»

«Nun», versetzte trocken Karl August, «was wir in Marienbad mit dir erlebt haben, zeigt, daß jedenfalls die Voraussetzungen nicht schlechter geworden sind.»

«Mußt du immer spotten?» schüttelte Goethe den Kopf.

«Aber so unrecht hast du nicht. Ich denke, im Alter und in Todesnähe stellen sich besondere Perspektiven ein und machen produktiv. Kennst du die Geschichte über Madame Roland?»

Als Karl August verneinte, berichtete Goethe: «Die zum Tode verurteilte Frau verlangte auf dem Blutgerüste Schreibzeug, um die ganz besondern Gedanken aufzuschreiben, die ihr auf dem letzten Wege vorgeschwebt. Schade», fuhr Goethe fort, «daß man ihr's versagte; denn am Ende des Lebens gehen dem gefaßten Geiste Gedanken auf, bisher undenkbare; sie sind wie selige Dämonen, die sich auf den Gipfeln der Vergangenheit glänzend niederlassen.»

*

Am Abend des 18. und am 19. September vollendete Goethe die Reinschrift der «Elegie». Viel änderte er nicht mehr. Variationen in der Groß- und Kleinschreibung waren bei ihm nicht immer von Bedeutung, und auch die schwankende Interpunktion konnte eher als ein Zeichen von Unsicherheit gelten. Interessanter schon, daß Goethe drei Mal einen zunächst ausgelassenen Vokal wieder einsetzte, beispielsweise in der letzten Zeile von Strophe zwei «sehnsüchtiger Thränen» statt der Fassung «sehnsüchtger Thraenen» in der ersten Abschrift; ebenso wurde aus dem «gabesel'gen Munde» die Vollform vom «gabeseligen Munde», was den Rhythmus belebte. Noch bedeutsamer eine Variante bei einem der Schlüsselworte der «Elegie»: In der endgültigen Fassung setzte Goethe «FlammenSchrift» mit einer Binnenmajuskel. Bei aller orthographischen Nonchalance war das natürlich kein Versehen. Goethe unterstrich durch den damit verbundenen Doppelakzent auf beiden Wortteilen den fast sakralen Charakter des Begriffs, der dadurch sozusagen selbst «flammt».

Die Strophen standen nun auf acht Bogen verteilt, wobei Titel und Motto, Strophe 1, die Strophen 20 und 21 sowie die Schlußstrophen 22 und 23 je eine eigene Seite einnahmen, während sonst drei Strophen auf einer Seite angeordnet waren. Unter die Eingangsstrophe und unter die einundzwanzigste hatte Goethe die schon erwähnten geschweiften Striche zum Zeichen einer starken Zäsur gesetzt. Insgesamt war er sehr zufrieden mit seinem Werk, inhaltlich ohnedies, aber auch in der äußeren Anmutung durch den immer noch untadeligen Schwung der Linienführung und die gelungene Seitenaufteilung. Jetzt mußte das Ganze noch das richtige Kleid bekommen. Goethe ließ Stadelmann rufen, der als gelernter Drucker die Aufgabe perfekt würde lösen können:

«Nehm Er diese Bogen», befahl er dem eintretenden Diener, «und lasse Er dafür einen Lederumschlag anfertigen, feinstes Ziegenleder bitte, also Maroquin, und rot, die Blätter mit Seidenschnur geheftet.»

«Wünschen Herr Geheimrat eine Aufschrift auf dem Umschlag?» fragte Stadelmann.

«Guter Gedanke. Nur was? Nichts Langstieliges. Am besten Er läßt noch eine blaue Mappe anfertigen, wohinein ich Manuskript mit Umschlag geben kann. Goldene Prägung auf der Mappe: ‹ELEGIE› in Großbuchstaben und dazu ‹September 1823›. Hier hat Er es schriftlich.»

«Sehr wohl, Herr Geheimrat.»

Stadelmann eilte, den Auftrag auszuführen. Hoffentlich,

dachte Goethe, macht er ein wenig Druck. Möchte das fertige Gedicht doch gern vorrätig haben. Weiß zwar noch gar nicht, ob ich's je vorweise, und wenn, nicht einmal wem. Wie ich mich aber kenne, werde ich es doch nicht auf Dauer für mich behalten wollen. Eckermann beispielsweise ist eine so treue Seele, daß es bei ihm gerade so gut aufgehoben ist wie bei mir. Und auch der Kanzler versteht zu schweigen; ihm liegt sehr an meinem Vertrauen. Nun, man wird sehen.

*

Der September verabschiedete sich mit einigen unguten Tagen, die schon auf die dunkle Jahreszeit vorauswiesen. Goethe reagierte darauf immer höchst empfindlich. In diesem Jahr aber kamen noch die innere Zerrissenheit, die nicht ausgetragenen Spannungen hinzu. Sohn August spielte den Pikierten, obschon er ja keinerlei offizielle Mitteilung über des Vaters Pläne bezüglich der Folgen des Marienbad-Erlebnisses erhalten hatte. Schwiegertochter Ottilie versuchte, sich Begegnungen durch Unpäßlichkeit zu entziehen, was Goethe allerdings nicht zuließ. Er besuchte sie mehrmals am Krankenbett, obgleich auch er sich angeschlagen fühlte. Zu Kanzler von Müller sagte er ungewohnt mutlos:
«Drei Monate lang habe ich mich glücklich gefühlt, von einem Interesse zum andern, von einem Magnet zum andern gezogen, fast wie ein Ball hin und her geschaukelt, aber nun – ruht der Ball wieder in der Ecke, und ich muß mich den Winter durch in meiner Dachshöhle vergraben, und zusehen, wie ich mich durchflicke.»

Als Müller dem Dichter daraufhin riet, möglichst täglich und möglichst ausgiebig spazierenzufahren, erntete er nur resignierte Worte:
«Mit wem soll ich fahren, ohne Langeweile zu empfinden?» klagte Goethe. Müllers Hinweis, Ottilie und Ulrike seien sicher jederzeit für eine Ausfahrt zu haben, kommentierte er fast abfällig: «Wen man täglich von früh bis Abend sieht, der kann uns nicht mehr verführen.»
Ach, ihm war wohl nicht zu helfen. Seine Umgebung sorgte sich bereits um seine Gesundheit. Doch sie hatte nicht mit der Vitalität des alten Herrn gerechnet. Als er sich erst einmal in die kühlere jahreszeitliche Unvermeidlichkeit geschickt hatte, gewann er eine gewisse Heiterkeit zurück, nicht gerade eine überschwengliche, doch eine, die eine seiner Lieblingsvokabeln verdiente: eine «behagliche».
In vollem Maß zeigte sich dies am 2. Oktober. Da war schon mittags Goethes Haus voll, denn man feierte im Familienkreis den 62. Geburtstag eines dem Hausherrn besonders lieben Freundes und Gastes: Graf Carl Friedrich Reinhards, der mit Goethe seit 1807 bekannt war und ein bewegtes politisches Leben hinter sich hatte. Der schwäbische Pfarrerssohn war gelernter Theologe und Philologe und stand seit 1791 als Diplomat in den Diensten des revolutionären, des napoleonischen und schließlich des bourbonischen Frankreichs. Er hatte viel für die Verbreitung deutscher Kultur, insbesondere für Goethes Popularität im Nachbarland, getan und war einer der wenigen hochrangigen Anhänger der Farbenlehre, die es sonst bei den Kennern so schwer hatte.
Reinhard und Gemahlin hatten kaum das Haus am Frauenplan verlassen, als schon wieder Zurüstungen zu treffen wa-

ren für den Abend. Es hatten sich angesagt: der unvermeidliche Kanzler von Müller, Professor Riemer, der schon von Eger aus so dringlich eingeladene Staatsrat Schultz aus Berlin und Prinzenerzieher Soret. Mit an der Tafel würden zudem sitzen: Ottilie, auch sie gottlob wieder einigermaßen hergestellt, ihre Schwester Ulrike, August sowie die Enkel, die es allerdings kaum lang auf den Stühlen halten dürfte. Goethe wanderte während der Vorbereitungen durch die erleuchteten Zimmer und freute sich auf die Geselligkeit im Kreise angenehmer Menschen; die familiären Spannungen hatten sich etwas gelegt, da die jungen Goethes allmählich hoffen konnten, es werde alles beim alten bleiben. Veränderungssignale waren bisher ganz ausgeblieben. Die Zeit würde es schon richten.

Goethe hatte allerdings insgeheim ein wenig zur Besserung des Klimas beigetragen. Bei einem Gespräch mit Müller bald nach seiner Rückkehr hatte er sich darüber mokiert, daß sein Arzt Rehbein, immerhin bereits mehr als ein Mittvierziger, so Hals über Kopf die Ehe eingegangen war:

«Sie wissen», hatte Goethe gesagt, «wie ich alles Extemporieren hasse, vollends eine Verlobung oder Heirat aus dem Stegreife war mir von jeher ein wahrer Greuel. Eine Liebe wohl kann im Nu entstehen, und jede echte Neigung muß irgend einmal gleich dem Blitze plötzlich aufgeflammt sein. Aber wer wird sich denn gleich heiraten, wenn man liebt? Liebe ist etwas Ideelles, Heiraten etwas Reelles, und nie verwechselt man ungestraft das Ideelle mit dem Reellen. Das dürfen Sie, mein Guter, gern so zitieren», hatte Goethe hinzugefügt. «Nur möglichst nicht Rehbein direkt gegenüber.»

Müller hatte von der Lizenz regen Gebrauch gemacht und

damit bei Ottilie und August sichtlich für Erleichterung gesorgt. Der Vater, mochten sie denken, meint mit seiner Kritik offenbar auch sich selbst und bereut vielleicht schon, daß er den Großherzog den Brautwerber hat machen lassen. Von Goethe erfuhren die Jungen jedoch weiterhin kein Wort in der Sache.

Nach und nach füllten sich die Räume. Die Auswärtigen und die Hausgenossen trafen einen vergnügten Gastgeber an, der mit Scherz und guten Worten die Unterhaltung in Gang brachte und sich, nach dem Essen hin und wider gehend, mal diesem und mal jenem zugesellte. Damit gab er jedem das Gefühl persönlicher Bevorzugung und schuf eine Stimmung, die der Genuß des wie immer trefflichen Weines noch weiter steigerte. Spontan setzte sich Regierungsrat Schultz an den Flügel, improvisierte ein wenig und forderte dann Ottilie auf, mit ihm einige volkstümliche Lieder vorzutragen. Sie ernteten mehr als freundlichen Beifall, und der kleine Walther, ein Musiktalent von erstaunlich früher Reife, durfte nun auch zeigen, daß er bei Stimme war und ein ausgeprägtes Gefühl für Rhythmus und Mimik hatte.

Selbst der untersetzte, glubschäugige, stets ein wenig beleidigt dreinschauende Riemer taute auf, zumal ihn Goethe zu einem Zwiegespräch in eine Sitzecke zog. Zwischen ihnen gab es nicht nur die Arbeitsbeziehung, in der sich der gewandte Altphilologe Riemer unentbehrlich gemacht hatte. Auch sehr persönliche Bande waren in den langen Jahrzehnten der Gemeinsamkeit gewachsen: Riemer war von Goethe zur Ausbildung des Sohnes herangezogen worden, war sein Trauzeuge in der schlimmen Franzosenzeit nach der Schlacht von Jena und Auerstedt 1806 gewesen, und er hatte 1814 Uline geheiratet. So nannte man allgemein die damals 24jährige Caroline Ulrich, Gesellschafterin Christiane von Goethes und zeitweilig Schreibhelferin des Dichters. Riemer hatte sie als langjähriger Mitbewohner des Hauses am Frauenplan immer besser kennen und dabei lieben gelernt. Daß sie, der es auch sonst an Bewerbern nicht gefehlt hatte, den schwierigen Mann genommen, lag wohl auch daran, daß beiden daran lag, weiter in Goethes Umfeld leben und den großen alten Mann begleiten zu dürfen.

«Nun, mein gelehrter Freund», fragte Goethe, «Sie verübeln es mir doch nicht, daß wir heute Mittag mit den Reinhards entre nous geblieben sind? Auch Müller paßte nicht in die Runde, gerade weil es bei Reinhards Profession natürlich um Politik ging.»

«Aber nein», versicherte Riemer ein wenig zu beflissen, weil er sich ertappt fühlte, denn natürlich war er im Grunde eingeschnappt gewesen. Sonst nämlich wurde er oft zur Mittagstafel des Dichters gebeten, bei interessanten fremden Gästen besonders gern, als wandelndes Lexikon sozusagen. «Aber nein!» wiederholte er. «Ich wußte ja, daß wir des Abends Gelegenheit nehmen könnten, das eine oder andere zu besprechen.»

«Und für das, was ich mit Reinhard auszutauschen hatte, war Konzentration wichtig», sagte Goethe. «Ich habe ihn wieder als weitsichtigen Mann erlebt; ich lasse ihn so bald nicht fort, ich klammere mich an ihn an.»

Da Riemer bereits wieder ins Eifersüchteln verfallen wollte, setzte Goethe hinzu: «Es geht nichts über einen so vertrauten Kreis wie den jetzigen. Schultz fügt sich wunderbar ein, und sonst sind ja alles Freunde um uns. So läßt sich selbst Weimar im Herbst viel abgewinnen.»

Riemer erklärte daraufhin offen, daß schon bemerkt worden sei, wie sehr ihm, Goethe, die Geselligkeit der Bäder, die er so lange genossen, offenbar fehle, und daß ihm durch die schlechter werdende Witterung dieser Mangel noch besonders zusetze.
«Das ist durchaus richtig gesehen», versetzte der Hausherr. «Es kommt aber noch etwas hinzu: Es war mehr als Geselligkeit, die mir den Sommer versüßt hat, es war Neigung. Ich weiß, daß man auch hier darüber schon im Bilde ist.»
Ein Mann wie Seine Exzellenz, warf Riemer ein, stehe eben immer unter Beobachtung, und es könne niemandem gleichgültig sein, wie er sich befinde.
«Ach», seufzte Goethe, «es ist eben ein Hang, der mir noch viel zu schaffen machen wird, aber ich werde über Lieb und Leid bald wieder hinauskommen. Ein fähiger Lustspieldichter könnte ein charmantes Stück daraus fertigen: Ein alter Onkel, der seine junge Nichte allzu heftig liebt.»
Nun war Riemer gänzlich versöhnt, denn er glaubte zu wissen, daß Goethe sonst noch kaum jemandem sich so deutlich offenbart hatte über die Verwirrung des alten Herzens. So fühlte sich der treue Helfer ausgezeichnet vor den anderen und genoß den weiteren Abend, auch wenn der Dichter nun vor allem das Gespräch mit Schultz suchte. Riemer konnte ja nicht ahnen, daß Goethe gerade diesem bereits brieflich von Eger aus gewisse Geständnisse gemacht hatte. Davon allerdings war nun nur kurz scherzend die Rede, ehe sich die Unterhaltung einem in Goethes wie Schultzens Augen höchst brennenden Problem zuwandte.
«Seit vier Jahren», sagte der hohe preußische Beamte, «bin ich für die Berliner Universität zuständig und habe alles Erdenkliche unternommen, den demokratischen Sumpf an

der Alma Mater auszutrocknen. Immer wieder aber bilden sich Zirkel, die unsere Studiosos gegen die staatliche Ordnung aufwiegeln und auch mit drastischen Maßnahmen nur schwer zu bändigen sind. Selbst ein so gedankenreicher, mir so nahe stehender Mann wie der Theolog Schleiermacher zwang mich durch Insubordination, gegen ihn vorzugehen.»

«Das betrübt mich besonders», sagte Goethe, «hat mir der originelle Denker doch mit seiner Definition der Religion aus der Seele gesprochen. Er nennt sie ein Gefühl der schlechthinnigen Abhängigkeit von Gott, ich nenn's Natur. Doch Originalität ist freilich stets in Gefahr, sich auch auf Gebiete auszudehen, wo sie zur Destruktivität verkommt.»

«Nun ist sein Fall noch ein recht glimpflicher», berichtete Schultz weiter. «Schwerer haben wir es mit den Demagogen, die sich Patrioten nennen und sich von Mitwirkungsrechten des Volkes, von Verfassungen ein Allheilmittel gegen die Krankheiten der Gegenwart erwarten.»

«Diese Illusion ist weit verbreitet», versetzte Goethe. «Dabei habe ich doch mit meinem Egmont zur Genüge gezeigt, daß man durchaus für die Freiheit des Volkes kämpfen kann, ohne diesem gleich eine Verantwortung aufzubürden, der es niemals gewachsen wäre.»

«Das hat nicht verhindert», klagte Schultz, «daß Sie, Exzellenz, von vielen als Gegner von Reformen, ja als Fürstenknecht gescholten werden.»

«Man beliebt einmal», zuckte Goethe die Achseln, «mich nicht so sehen zu wollen wie ich bin, und wendet die Blikke von allem hinweg, was mich in meinem wahren Lichte zeigen könnte. Dagegen hat Schiller, der, unter uns, weit mehr ein Aristokrat war als ich, der aber auch weit mehr bedachte, was er sagte, als ich, das merkwürdige Glück, als besonderer Freund des Volks zu gelten. Ich gönne es ihm von Herzen und tröste mich damit, daß es andern vor mir nicht besser gegangen.»

*

Die stabile Seelenlage hielt sich in den nächsten Wochen, wozu auch beitrug, daß Goethe Müllers Rat dann doch beherzigte und fast täglich mit Ottilie, Ulrike oder den Kindern, zuweilen aber auch allein lange Ausfahrten ums Webicht, nach Tiefurt oder zum Schloß Belvedere unternahm. Und das Oktoberende brachte dann einen Gast, der Goethe sogar in Feststimmung versetzte: Die polnische Hofpianistin aus Petersburg Maria Szymanowska kam am 24. mit ihrer Schwester zum bereits in Marienbad verabredeten Besuch nach Weimar. Und mit ihr kehrte das Hochgefühl jener Tage zurück, denn die reizende Frau blieb bis in den November, speiste fast täglich beim Dichter und geizte nicht mit ihrer betörenden Kunst. Müller gegenüber schilderte Goethe sie so:
«Die begnadete Frau spielt so wunderschön Klavier, und sie ist selbst so schön und so liebenswürdig, daß man trotz ihrer zauberischen Töne froh ist, wenn sie aufhört, um sie nur sprechen zu hören, und wieder umgekehrt wünscht, sie möge nur wieder spielen, weil ihr Sprechen und ihre Anmut so sehr aufregen, daß man nur Ruhe bei ihrem Spiel wiederzufinden hoffen kann.»
Müller gab diese Äußerung mit dem Kommentar an eine Freundin wieder: «Sie sehen daraus, daß seine Leidenschaft für Ulrike von Levetzow nicht exklusiv ist.» In Wirk-

lichkeit war es eher so, daß die Musik der Szymanowska für Goethe zum Nachklang des aufwühlenden Erlebnisses im Sommer wurde und dieses wieder frisch ins Herz heraufrief. Anders aber als die Poesie, die den Schmerz noch steigerte, entwickelten die perlenden Klänge besänftigende Kraft. «Sie falten mich auseinander, wie man eine geballte Faust freundlich flach läßt», schrieb der Dichter an den Komponisten Zelter, seinen besten Freund, nach Berlin.
Die Linderung des Leids ließ Goethe nun auch den Mut fassen, sein Gedicht vorzuweisen. Am Abend, als die Szymanowska in seinem Haus ein privates Konzert gab und Eckermann schon vor der sehnsüchtig erwarteten Zeit gekommen war, ließ der Dichter Stadelmann zwei Wachslichter bringen und auf seinen Arbeitstisch stellen. Er drückte Eckermann die prächtig gebundene Reinschrift der «Elegie» in die Hand und hieß ihn in großer Ruhe zu lesen. Als Eckermann, der seine Ergriffenheit nicht verbarg, ausgelesen hatte, nahm Goethe das Manuskript wieder entgegen und sagte:
«Gelt, da habe ich Ihnen etwas Gutes gezeigt? In einigen Tagen sollen Sie mir darüber weissagen.»
Die Gelegenheit dazu aber ergab sich zunächst nicht, denn der Abschied der fesselnden Pianospielerin rückte näher und erfüllte Goethe mit Schmerz, wie ihm denn Abschiede von so lieben Menschen zunehmend zu schaffen machten. Müller sah es mit Sorge. Bei einem Essen im Hause Goethe glaubte er daher mit einem Trinkspruch auf den für immer unverlierbaren Schatz der Erinnerung ein wenig Trost spenden zu können. Doch da kam er schlecht an. Goethe brach in die Worte aus:
«Ich statuiere keine Erinnerung in diesem Sinne; das ist

nur eine unbeholfene Art sich auszudrücken. Was uns irgend Großes, Schönes, Bedeutendes begegnet, muß nicht erst von außen her wieder er-innert, gleichsam er-jagt werden, es muß sich vielmehr gleich vom Anfang her in unser Inneres verweben, mit ihm eins werden, ein neueres besseres Ich in uns erzeugen und so ewig bildend in uns fortleben und schaffen. Es gibt kein Vergangenes, das man zurücksehnen dürfte, es gibt nur ein ewig Neues, das sich aus den erweiterten Elementen des Vergangenen gestaltet und die echte Sehnsucht muß stets produktiv sein, ein neues Besseres erschaffen. Und», setzte er mit großer Rührung hinzu, «haben wir dies nicht alle in diesen Tagen an uns selbst erfahren? Fühlen wir uns nicht alle insgesamt durch diese liebenswürdige, edle Erscheinung, die uns jetzt wieder verlassen will, im Innersten erfrischt, verbessert, erweitert? Nein, sie kann uns nicht entschwinden, sie ist in unser innerstes Selbst übergegangen, und fange sie es auch an, wie sie wolle, mir zu entfliehen, ich halte sie immerdar fest in mir.»

Diese innige Trotzhaltung konnte die Erschütterung allerdings nicht dämpfen, die ihn dann doch ergriff, als es tatsächlich galt loszulassen. Maria Szymanowska hatte ein letztes Mal mit Goethes Familie gegessen, hatte allen, vor allem den Kindern, kleine Abschiedsgeschenke überreicht. Goethe bemühte sich, Humor und Haltung zu bewahren, doch schimmerten seine Augen schon bald feucht. Unschlüssig wanderte er nach Tisch hin und her, schrieb noch etwas ins Stammbuch der Szymanowska-Schwester und wollte die Gäste nicht fortlassen. Seine Erregung war noch dadurch gesteigert, daß die Damen ganz in Schwarz gekleidet waren, weil sie zum Abschied an den Hof des Großherzogs gebeten waren, wo wegen eines Todesfalls Trauer herrschte. Etwas wie Leichenbegängnis lag in der Luft, so daß Goethe in seiner Beklommenheit gar nicht recht merkte, daß der Wagen vorgefahren war und die Damen entführte.

Erst als das Gefährt um die Ecke bog, wurde ihm bewußt, daß er Maria womöglich niemals wiedersehen würde. Er bat den anwesenden Kanzler von Müller dringlich, sie noch einmal zurückzuholen und schloß die ein letztes Mal Umgekehrte stumm in die Arme. Vergeblich versuchte er zu scherzen. Tränen strömten über sein Gesicht, als er der Scheidenden durch die lange Flucht seiner offenen Gemächer nachblickte. Er stand eine Weile ohne Fassung.

«Dieser holden Frau habe ich viel zu danken», sagte er schließlich. «Ihre Bekanntschaft und ihr wundervolles Talent haben mich zuerst mir selbst wiedergegeben.»

*

Allerdings hatte ihn die Aufregung auch geschwächt. Eine Erkältung machte ihm zu schaffen. Eckermann fand ihn wenige Tage später jedenfalls recht matt vor, doch bestand Goethe nun darauf, daß er bleibe und endlich die erneute Lektüre der «Elegie» vornehme. Nur zu gern unterzog sich Eckermann der poetischen Pflicht und wollte, nachdem er die Strophen ein weiteres Mal gelesen hatte, seinen Eindruck wiedergeben. Goethe jedoch schien in seinem Lehnstuhl eingeschlafen zu sein, was sein Besucher dazu nutzte, die «Elegie» noch einige Male auf sich wirken zu lassen. Als Goethe sich wieder rührte, äußerte sich Eckermann dahin, daß er kaum je Vergleichbares von ihm gelesen habe

und fragte vorsichtig, ob das Vorbild Byrons dabei eine Rolle gespielt habe.
«Das mag schon sein», meinte Goethe. «Entscheidender aber dürfte sein, daß mich kein vergleichbares Erlebnis je bewegt hat. Sie sehen das Produkt eines höchst leidenschaftlichen Zustandes», fügte er hinzu; «als ich darin befangen war, hätte ich ihn um alles in der Welt nicht entbehren mögen, und jetzt möchte ich um keinen Preis wieder hineingeraten.»
«Es klingt äußerst verzweifelt», sagte Eckermann. «Man möchte um den Dichter fürchten.»
«Ich schrieb das Gedicht, unmittelbar als ich von Marienbad abreiste und ich mich noch im vollen frischen Gefühle des Erlebten befand», erklärte Goethe. «Morgens acht Uhr auf der ersten Station schrieb ich die erste Strophe, und so dichtete ich im Wagen fort und schrieb von Station zu Station das im Gedächtnis Gefaßte nieder, so daß es abends fertig auf dem Papiere stand. Es hat daher eine gewisse Unmittelbarkeit und ist wie aus einem Gusse, welches dem Ganzen wohl zugute kommen mag.»
Das lange Ringen um die Worte schrumpfte in Goethes Rückblick zu einem kurzen Kampfe zusammen. Daß er viele Tage gefeilt, an der Abschrift lange gearbeitet und in der Reinschrift ebenfalls noch geändert hatte, war angesichts des vollendeten Gedichts unwesentlich geworden. Oder wollte er insgeheim falsche Fährten legen? Wollte er die Todesnähe der Verse dämpfen? Es schien beinahe so, denn er kam nun sogleich auf die entschwundene schöne Pianistin zu sprechen, deren Kunst ihn wieder hergestellt habe, so daß er ihr ebenfalls einige Stanzen habe widmen können, die von der Gesundung künden. Daß diese Strophen noch

vor der «Elegie» in Marienbad entstanden waren, konnte Eckermann nicht wissen, der nur begierig war, auch dieses Gedicht kennenzulernen. Goethe reichte ihm ein Blatt mit der Überschrift «An Madame Marie Szymanowska»:

«Die Leidenschaft bringt Leiden! – Wer beschwichtigt,
Beklommnes Herz, dich, das zu viel verloren?
Wo sind die Stunden, überschnell verflüchtigt?
Vergebens war das Schönste dir erkoren!
Trüb ist der Geist, verworren das Beginnen;
Die hehre Welt, wie schwindet sie den Sinnen!

Da schwebt hervor Musik mit Engelsschwingen,
Verflicht zu Millionen Tön um Töne,
Des Menschen Wesen durch und durch zu dringen,
Zu überfüllen ihn mit ew'ger Schöne:
Das Auge netzt sich, fühlt im höhern Sehnen
Den Götter-Wert der Töne wie der Tränen.

Und so das Herz erleichtert merkt behende,
Daß es noch lebt und schlägt und möchte schlagen,
Zum reinsten Dank der überreichen Spende
Sich selbst erwidernd willig darzutragen.
Da fühlte sich – o daß es ewig bliebe! –
Das Doppel-Glück der Töne wie der Liebe.»

Selbst wenn Eckermann Bescheid gewußt und auf die Umkehrung der Reihenfolge aufmerksam gemacht hätte, wäre das Goethe nur so vorgekommen wie Augusts Bemerkung über die Aussprache von «Ginkgo biloba», nämlich als gänzlich apoetische, wo nicht antipoetische Logik.

«Im Gedicht ist alles gleichzeitig», sagte er nun, als wolle er solchem Einwand vorbeugen: «Sehnsucht und Erfüllung, Genuß und Entbehren, Paradies und Hölle.»
Außer Eckermann zeigte Goethe die «Elegie» auch Wilhelm von Humboldt, der im November zu seinem angekündigten Besuch gekommen war. Er traf bei dem an Krampfhusten erkrankten Dichter natürlich zuweilen auf Eckermann, und beide hatten bald heraus, daß sie in die böhmischen Verstrickungen und das daraus entstandene große Gedicht eingeweiht waren. Anders als der mißgünstige Riemer er- und anerkannte Humboldt die Fähigkeiten des neuen Goethe-Helfers und suchte das Gespräch mit ihm, wenn Goethe ihn nicht sogleich empfangen konnte, was wegen seines Leidens zuweilen vorkam. Eines Morgens begegneten die beiden einander wieder im Vorzimmer, nicht ahnend, daß der Hausherr eben im Begriff stand, sich zu ihnen zu gesellen. Er verhielt aber den Schritt, als er Humboldt sagen hörte:
«Ich glaube, lieber Eckermann, wir empfinden beide mit Sorge, wie sehr Goethe noch mit den Marienbader und Karlsbader Bildern beschäftigt ist. Allerdings, wie ich ihn kenne, mehr mit der Stimmung, die dadurch in ihm aufgegangen ist, und mit der Poesie, mit der er sie umsponnen hat, als mit dem Gegenstande selbst.»
«Es wird hier aber kaum verhohlen von Heiraten gesprochen», vernahm Goethe Eckermanns Einwand.
«Ich halte das für teils ganz falsch», erwiderte der Berliner Gelehrte, «teils für nicht auf die rechte Weise verstanden. Wir haben es hier eher mit einer Flucht in die Dichtung zu tun angesichts der geringen Erfreulichkeit des Alltags daheim. Ich jedenfalls bin glücklich, daß ich mit Ihnen das

Entzücken und Staunen über das neueste Werk unseres großen Freundes teilen darf. Es erreicht nicht nur das Schönste, was er je gemacht hat, sondern übertrifft es vielleicht, weil es die Frische der Phantasie, wie er sie nur je hatte, mit der künstlerischen Vollendung verbindet.»

«Und das», ließ sich wieder Eckermann zu Goethes Freude vernehmen, «obwohl es um schon tausendmal besungene Gefühle geht. Doch Goethe hat einen so hohen, so zarten, so wahrhaft ätherischen Ton dafür getroffen und einen so leidenschaftlichen zugleich, daß ich nur schwer Worte dafür finde.»

Goethe räusperte sich und trat über die ertappten Plauderer lachend ein: «Ja, mein Lieber, man könnte dem Leser den Geburtstag des Dichters zu raten aufgeben.»

*

Goethes Zustand verschlimmerte sich rapide. Er brachte wegen des quälenden Hustens die Nächte im Lehnstuhl zu und suchte das Bett nur einige Zeit auf, wenn die Schwäche zu groß werden wollte. Die Hausgenossen waren hilflos oder zogen sich wie Ulrike selbst ins Krankenbett zurück, sie verreisten wie Ottilie nach Dessau oder pochten auf ihre Verpflichtungen bei Hofe wie Sohn August. Arzt Rehbein war äußerst besorgt. Er konsultierte Huschke, den Leibarzt des Großherzogs, doch auch der zuckte die Achseln.

Die Nachricht von der großen gesundheitlichen Gefahr für den Dichter verbreitete sich in Windeseile über das Land und erreichte bald auch Carl Friedrich Zelter in Berlin. Der gewesene Maurer, Gründer und Leiter der hauptstädtischen Singakademie war mit Goethe seit 1802 bekannt und hatte viele von dessen Gedichten so vertont, wie es der Dichter liebte: mit der Musik als Dienerin der Poesie. Ein reger Briefwechsel hatte die Beziehung gefestigt, die schließlich zu einer der ganz wenigen Duz-Freundschaften des alten Goethe geworden war. Gerade die Derbheit und das Zupackende des knapp ein Jahrzehnt jüngeren Zelters schätzte Goethe sehr, auch weil er die davon nur verdeckte Zartheit des Tonsetzers durchschaute.

Der handfeste Mann fackelte nicht lange, bestellte Extrapost und reiste eilends nach Weimar. Er traf auf eine verzweifelte Situation. Zunächst öffnete ihm niemand am Frauenplan. Eine Magd schaute kurz heraus, zog sich aber sogleich wieder zurück. Stadelmann empfing Zelter schließlich, doch schien auch er völlig die Orientierung verloren zu haben. Immerhin benachrichtigte er August von Goethe, daß Besuch gekommen sei. August kam, wirkte aber wie gelähmt auf den Ankömmling, der sich allmählich fragte, ob der Herr des Hauses vielleicht bereits gestorben sei. Nein, das nicht, noch nicht, aber krank sei Goethe, todkrank.

Zelter schob die Leute beiseite und stieg die Stufen ins Obergeschoß hinauf; er mußte sich selbst ein Bild machen. Er fand den kranken Freund matt, fiebrig und mit allen Anzeichen schweren Kummers, Liebeskummers, wie der bodenständige und gerade selbst verliebte Zelter sofort erkannte. Gott sei Dank, da war denn doch noch nicht Hopfen und Malz verloren, dagegen gab es probate Mittelchen, zum Beispiel die Poesie selbst, die Sehnsüchte ausspricht und damit zu bannen vermag. «Similia similibus», murmelte Zelter, «Ähnliches mit Ähnlichem bekämpfen.» Bloß womit am besten?

Der Kranke fand das Remedium zufällig selbst: Dem engen Freund konnte er sein großes Gedicht nicht vorenthalten; er vor allem mußte die Verse kennenlernen, die ihm so von Herzen gekommen und ans Herz gewachsen waren. Zelters Meinung darüber war ihm vor allen anderen wichtig. Goethe nahm die Reinschrift vom Nachttisch und reichte sie Zelter.

«Bitte lies», sagte er mit schwacher Stimme, «aber lies laut. Es klingt aus dem Organ eines so musikalischen Menschen, wie du es bist, sicher am vollsten.»

Und Zelter begann: «Was soll ich nun vom Wiedersehen hoffen ...»

«Bitte auch das Motto», unterbrach Goethe. «Es stimmt dich richtig ein auf das Folgende.»

«Und wenn der Mensch in seiner Quaal verstummt», hob Zelter erneut an, und dann las er das ganze Klagelied, einmal, zweimal.

«Du liest gut, Alter», lobte Goethe. «Ich wußte, daß dies dein Gesang sein würde.»

«Kunststück», brummte Zelter.

«Was sagst du?» fragte Goethe.

«Ach», versetzte der Freund, «wer könnte dich besser verstehen als ich. Auch mir ist das Herz schwer, ein ‹unbezwinglich Sehnen›, wie du es sagst, treibt auch mich um. Ich habe gleich gesehen, wie es um dich steht und daß du die Lieb' im Leibe hast. Es ist, wie du im ‹Buch des Sängers› geschrieben hast: ‹Die Liebe noch so still gehegt, sie doch gar leicht aus den Augen schlägt.› Leute, die mit den gleichen Waren handeln, haben den Blick für einander.»

«Und sie können sich an einander aufrichten», sagte Goethe mit schon deutlich gekräftigter Stimme.

Die beiden hatten nun ein unerschöpfliches Thema: die Liebe, die wahrlich nimmer «aufhöret», wie Humboldt neulich Goethe geschrieben hatte. Wie vor der Torheit schützt das Alter auch vor ihr nicht, und alle Weltweisheit bewahrt den Greis nicht vor ihren Qualen, von denen er in Wahrheit gar nicht genug bekommen kann.

«Manche», sagte Zelter, «werden unserer spotten oder uns gar schelten, Liebe zieme unserem Alter nicht und sei ohnedies nur Selbstsucht.»

«Laß sie schelten», entgegnete Goethe. «Es sind Ignoranten, die nicht begriffen haben, daß die Natur es so eingerichtet hat, daß die Zwecke des einzelnen dem Ganzen nicht widersprechen, ja sogar zu ihrer Erhaltung dienen.»

«Überdies», nickte Zelter, «spricht jeder von etwas anderem, wenn er von Liebe redet. Keine Definition vermag sie verbindlich zu fassen, und es fallen einem unendliche Aspekte ein, die dazu gehören, die aber je für sich die Liebe nicht sind.»

«Über ihren Ursprung könnten wir uns wohl eher verständigen», überlegte Goethe. «Sie war Gottes erster Gedanke, war das, was der Evangelist das Wort nennt, durch das alle Dinge gemacht sind und ohne das nichts gemacht ist, was gemacht ist. Als Gott sprach: Es werde Licht!, da ward es Liebe. Und die Liebe ward der Urprung der Welt und ihre Beherrscherin. Sie ist das produktive Prinzip. Und sei noch so viel Selbstisches in ihr, so wären wir doch nichts ohne sie.»

«Warum aber ist sie in ihrer menschlichen Manifestation mit derartigen Schmerzen verbunden?», grübelte der

Freund. «Schmerzen, die dich aufs Krankenlager geworfen und mich an meiner Kunst haben verzweifeln lassen.»

«Ohne Pein kein Sein, sagt der Volksmund», antwortete Goethe. «Und er begreift oft mehr als unsere Schulweisheit. Nicht von ungefähr nennen wir die inbrünstigste Liebe eine Leidenschaft. Schmerz aber sucht nach Heilung, und auch darin liegt Produktivität. Freilich auch der Tod.»

Über dem Gespräch war es dunkel geworden. Goethe ließ Lichter kommen sowie Wein und Gebäck. Er war munter wie lange nicht mehr und verspürte guten Appetit. Der Freund tat ihm wohl, und dessen Vortrag der «Elegie» hatte sichtlich Wunder gewirkt.

«Lies noch einmal!» bat Goethe nach einer Weile. Und Zelter ließ ein drittes Mal in großem Ton und mit weitem Atem die Strophen warm und weh klingen. Goethes Augen standen in Tränen, aber sein Gesicht leuchtete, als der Freund an die Stelle kam:

«So sahst du Sie in frohem Tanze walten
Die lieblichste der lieblichsten Gestalten.»

Epilog

«Mußt es eben leiden ...» In der Tat: Der alte «Knab» hatte sehr gelitten und litt noch lange unter der Entsagung, zu der ihn sein «Röslein» verurteilt, indem es sich ihm entzogen hatte. Sein «Weh und Ach» aber half dem Dichter, anders als dem Knaben in seinem Lied, letztlich doch, wie sein Freund Zelter mit der poetischen Arznei demonstriert hatte. Sie verwies Goethe in der Entsagung auf das Sagen. Und er hatte noch unendlich viel zu singen und zu sagen.

Der Zufall wollte es, daß genau zu dieser Zeit der 50. Jahrestag nahte, an dem das Buch erschienen war, das Goethe den Weltruhm beschert hatte: der Briefroman «Die Leiden des jungen Werthers». So himmelfern die Zeit, in der das Werk entstanden war, so versengend sein Atem gerade jetzt für den Dichter. Zu Eckermann sagte er darüber:

«Das ist auch so ein Geschöpf, das ich gleich dem Pelikan mit dem Blute meines eigenen Herzens gefüttert habe. Es ist darin so viel Innerliches aus meiner eigenen Brust, so viel von Empfindungen und Gedanken, um damit wohl einen Roman von zehn solcher Bändchen auszustatten. Übrigens habe ich das Buch, wie ich schon öfter gesagt, seit seinem Erscheinen nur ein einziges Mal wieder gelesen und mich gehütet, es abermals zu tun. Es sind lauter Brandraketen! Es wird mir unheimlich dabei, und ich fürchte den pathologischen Zustand wieder durchzuempfinden, aus dem es hervorging.»

Gerade in einen solchen Zustand aber hatten ihn Marienbad und die «Elegie» versetzt, und gerade in diesem Zustand trat der Verleger des Romans an ihn heran mit der Bitte, für die Jubiläumsausgabe im Frühjahr 1824 etwas zum Geleit zu liefern. Trotz der geäußerten Wiederholungsfurcht erklärte sich Goethe dazu bereit. Sah er hier eine Möglichkeit, poetisch über das Erlebnis hinauszukommen? Konnte das Ende zugleich ein Anfang, und sei es ein letztester, sein? Gefangen noch im «Geflecht verschlungner Minnen», wählte er eine ähnliche Form wie für die «Elegie» und schlug einen ähnlichen Ton bei der Beschäftigung mit des Romans früh abgeschiedenem Helden an, mit dem sich der Dichter im Verlauf der Strophen mehr und mehr zu identifizieren scheint. Aus der Rede «An Werther» wird daher über weite Strecken ein Monolog:

«Noch einmal wagst du, vielbeweinter Schatten,
Hervor dich an das Tageslicht,
Begegnest mir auf neubeblümten Matten,
Und meinen Anblick scheust du nicht.
Es ist als ob du lebtest in der Frühe,
Wo uns der Tau auf Einem Feld erquickt
Und nach des Tages unwillkommner Mühe
Der Scheidesonne letzter Strahl entzückt;
Zum Bleiben ich, zum Scheiden du, erkoren,
Gingst du voran – und hast nicht viel verloren.

Des Menschen Leben scheint ein herrlich Los:
Der Tag wie lieblich, so die Nacht, wie groß!
Und wir gepflanzt in Paradieses Wonne,
Genießen kaum der hocherlauchten Sonne,
Da kämpft sogleich verworrene Bestrebung
Bald mit uns selbst und bald mit der Umgebung;
Keins wird vom andern wünschenswert ergänzt,
Von außen düstert's, wenn es innen glänzt,
Ein glänzend Äußres deckt mein trüber Blick,
Da steht es nah – und man verkennt das Glück.

Nun glauben wir's zu kennen! Mit Gewalt
Ergreift uns Liebreiz weiblicher Gestalt:
Der Jüngling, froh wie in der Kindheit Flor,
Im Frühling tritt als Frühling selbst hervor,
Entzückt, erstaunt, wer dies ihm angetan?
Er schaut umher, die Welt gehört ihm an.
Ins Weite zieht ihn unbefangne Hast,
Nichts engt ihn ein, nicht Mauer, nicht Palast;
Wie Vögelschar an Wäldergipfeln streift,
So schwebt auch er, der um die Liebste schweift,
Er sucht vom Äther, den er gern verläßt,
Den treuen Blick, und dieser hält ihn fest.

Doch erst zu früh und dann zu spät gewarnt,
Fühlt er den Flug gehemmt, fühlt sich umgarnt,
Das Wiedersehn ist froh, das Scheiden schwer,
Das Wieder-Wiedersehn beglückt noch mehr,
Und Jahre sind im Augenblick ersetzt;
Doch tückisch harrt das Lebewohl zuletzt.

Du lächelst, Freund, gefühlvoll, wie sich ziemt:
Ein gräßlich Scheiden machte dich berühmt;
Wir feierten dein kläglich Mißgeschick,
Du ließest uns zu Wohl und Weh zurück;
Dann zog uns wieder ungewisse Bahn
Der Leidenschaften labyrinthisch an;
Und wir, verschlungen wiederholter Not,
Dem Scheiden endlich – Scheiden ist der Tod!
Wie klingt es rührend, wenn der Dichter singt,
Den Tod zu meiden, den das Scheiden bringt!
Verstrickt in solche Qualen halbverschuldet,
Geb ihm ein Gott zu sagen, was er duldet.»

*

Jetzt hatte Goethe drei thematisch eng verwandte Gedichte, die er zur «Trilogie der Leidenschaft» arrangierte: «An Werther», also das zuletzt entstandene, bildet den Auftakt oder, wie es der Dichter nannte, die «Exposition» und endet mit eben dem Wunsch nach Dichtungsgabe, der im Motto des Folgegedichts zur Feststellung wird; die «Elegie», das weitaus umfangreichste Stück, steht als «Katastrophe» im Zentrum; das Gedicht für die Szymanowska übernimmt als Schlußteil die «Ausgleichung» und erhält in diesem Rahmen daher den Titel «Aussöhnung». Daß Goethe mit der zeitlich umgekehrten Anordnung die Absicht verfolgte, die schroffen, verzweifelten Aussagen der «Elegie» abzumildern, geht aus seiner bewußt falschen Angabe über die Entstehung gegenüber Eckermann hervor:

«Meine sogenannte ‹Trilogie der Leidenschaft› dagegen ist

ursprünglich nicht als Trilogie konzipiert, vielmehr erst nach und nach und gewissermaßen zufällig zur Trilogie geworden. Zuerst hatte ich, wie Sie wissen, bloß die ‹Elegie› als selbständiges Gedicht für sich. Dann besuchte mich die Szymanowska, die denselbigen Sommer mit mir in Marienbad gewesen war und durch ihre reizenden Melodien einen Nachklang jener jugendlich-seligen Tage in mir erweckte. Die Strophen, die ich dieser Freundin widmete, sind daher auch ganz im Versmaß und Ton jener ‹Elegie› gedichtet und fügen sich dieser wie von selbst als versöhnender Ausgang.»

Über die Entstehung des Auftaktgedichts «An Werther» berichtete er Eckermann zwar korrekt, doch legte er in diesem Zusammenhang eine weitere irreführende Spur: «So kam es denn, daß ... jene ‹Trilogie der Leidenschaft› sich bildete, ich wußte nicht wie.» Er wußte sehr genau wie: nämlich als Versuch einer wenigstens teilweisen Rücknahme jener tödlichen Härten in der «Elegie». Da die Bemerkungen erst 1831 fielen, also acht Jahre nach dem auslösenden Erlebnis, war ihm daran gelegen, die Absage an die Heilkraft des Dichtens schonend zu dementieren. Er wählte dazu den versöhnlichen Ausklang, der freilich nur recht halbherzig gelang, heißt es doch in den letzten beiden Zeilen ziemlich unpersönlich:

> «Da fühlte sich – o daß es ewig bliebe! –
> Das Doppel-Glück der Töne wie der Liebe.»

Wer da fühlt, bleibt offen. Das «Doppel-Glück» sich selbst? Und vergänglich ist auch dieses, wie der Ausruf verdeutlicht. Ganz vermögen also auch Titel und Text der «Aussöhnung» nicht darüber hinwegzutäuschen, als wie existenzbedrohend Goethe – als Poet und Mensch – die Situation erlebt hatte. Die damalige Trennung ergriff ihn auch als Vorerleiden des Scheidens, das den Tod bringt. Und er nennt im Eröffnungsgedicht «An Werther» des Dichters Ansingen dagegen mild spottend «rührend». Fast will es scheinen, als ob sein Dementi die Verzweiflung eher unterstreicht.

Sie speiste sich aus der Erkenntnis, daß nun doch der «letzteste Kuß» genossen war. Die Abmilderung hingegen schien Goethe deswegen ratsam, weil er für sich als Dichter durchaus noch das in Anspruch nahm, was er im Frühjahr 1828 Eckermann gegenüber so formulierte, als sie über «geniale Naturen» sprachen:

«Sie erleben eine wiederholte Pubertät, während andere Leute nur einmal jung sind ... Daher kommt es denn, daß wir bei vorzüglich begabten Menschen auch während ihres Alters immer noch frische Epochen besonderer Produktivität wahrnehmen; es scheint bei ihnen immer einmal wieder eine temporäre Verjüngung einzutreten.»

Das erwies sich in dem knappen Jahrzehnt, das ihm nach Marienbad blieb, von der Schöpferkraft her als zutreffende Selbsteinschätzung. Kaum ein literarisches Alterswerk weist ein derart ungebrochen hohes Niveau, einen solchen Formenreichtum und eine derartige Breite der Tätigkeitsfelder auf wie das Goethes. Physisch hingegen nahm er sich mehr und mehr zurück. Auf größere Reisen verzichtete er fortan ganz, und auch die mehrfach ventilierten Pläne eines Wiedersehns mit seiner Marienbader und Karlsbader «Familie» kamen über vage Andeutungen kaum

noch hinaus. Dabei mag anfangs die deutliche Zurückhaltung der Levetzows eine Rolle gespielt haben, doch schien auch Goethe die Episode eine solche bleiben lassen zu wollen.
Für seine wirkliche Familie indes war das so ohne weiteres nicht zu erkennen. Für sie schien die Gefahr zwar zu schwinden, aber noch mehrere Sommer lang nicht ganz überwunden. Goethe tat wenig, die Sorgenfalten zu glätten. Vielleicht aus Ärger über das Unverständnis, auf das seine Romanze daheim gestoßen war, wie er Graf Reinhard gegenüber zu verstehen gegeben haben soll. Er setzte die Korrespondenz mit Ulrikes Mutter fort, wenn auch die Abstände zwischen den Meldungen wuchsen und schließlich meist nur noch im Zeitraum um den eigenen Geburtstag hin und her gingen. Dieser nämlich, den er mit den Levetzows als «Tag des öffentlichen Geheimnisses» begangen hatte, verband ihn in besonderer Weise mit ihnen, und er versäumte nie den «holden» Becher mit den «süßen Namenszügen» zu erwähnen, der ihn an die glücklichen Stunden erinnerte und den er sozusagen stellvertretend zum Munde führen konnte. Noch bei seiner letzten größeren Ausfahrt am 82. Geburtstag 1831 nach Ilmenau begleitete ihn das funkelnde Kristallgefäß, und er berichtete brieflich darüber noch gleichen Tages Amalie von Levetzow.

*

Das war das letzte Schreiben von Goethe an sie. Auch Ulrike las es, die noch einige Jahre bei der Mutter lebte. Später erwarb sie das Gut Trziblitz bei Leitmeritz, wo sie die meiste Zeit ihres sehr langen Lebens verbrachte. Die drei goetheschen Sommer in Marienbad blieben dabei schon deswegen die zentrale Erinnerung, weil die Neugierigen, die mehr wissen wollten über die Beziehung zum Genius, nicht alle, ja je länger, sogar desto mehr wurden. Und viele von ihnen sahen zudem darin, daß Ulrike zeitlebens ledig blieb, eine Wirkung seines übermächtigen Schattens. Das dürfte weit überinterpretiert sein. Gewiß gestand Ulrike gern, wieviel ihr die Begegnung mit dem Dichter bedeutet, und auch, daß sie ihn sehr gemocht hatte. Mehr als töchterliche Neigung aber war es sicher nicht gewesen, die sie empfand, war sie doch vaterlos aufgewachsen und hatte ihr doch der späte Freund ihrer frühen Jahre selbst die Tochterrolle zugeteilt.

Das heißt nicht, daß sie eine Verbindung mit Goethe von vornherein für völlig absurd gehalten hätte. Sie begründete ja ihre Ablehnung auch keineswegs primär mit dem zu großen Altersunterschied, sondern vor allem mit der Tatsache, daß Goethe eine junge Familie hatte. Und Konflikte mit dieser hielt sie realistischerweise für sehr wahrscheinlich. Das wollte sie sich und das wollte sie der Goethe-Familie nicht zumuten. Ihr Leben verlief in den letzten Jahren des Dichters schon ruhig, allenfalls gestört durch die erwähnten Neugierigen. Die wurden nach Goethes Tod 1832 zunächst weniger, denn Schiller zog in den folgenden patriotischen und revolutionären Zeiten die Aufmerksamkeit auf sich. Erst mit Gründung des Bismarck-Reiches, als Wilhelm I. Kaiser geworden war und seine Frau Augusta Kaiserin, die als jugendliche Weimarer Prinzessin «Schülerin» Goethes gewesen war, ging Goethes Stern wieder groß auf und überstrahlte alles.

Entsprechend häufig fielen Besucher auf Trziblitz ein, wo Ulrike von Levetzow sich als Kunstsammlerin und Betreiberin einer Spinnschule betätigte. Ganz in der Nähe lebte die verwitwete Schwester Bertha mit Familie bis zu ihrem Tod 1884; die mittlere Schwester des Levetzow-Kleeblatts, die 1806 geborene Amelie, war im selben Jahr wie Goethe, die Mutter 1868 verstorben. Als der Hauptansturm einsetzte, im Vorfeld von Goethes 150. Geburtstag 1899, war Ulrike schließlich ganz allein, von Nichten und Neffen abgesehen. Nur ihnen konnte sie ihr Leid klagen. So schrieb sie der Nichte Theodore Ruperti, wie sie Goethe-«Gesellschaften» und -«Schwärmer» mit Post und Besuchen überhäuften, um sie zur Teilnahme an den Weihefeiern am und um den 28. August herum zu überreden. Die 95jährige Dame, die nur zweieinhalb Monate nach dem Großjubiläum am 13. November 1899 auf ihrem böhmischen Gut starb, war sichtlich überfordert. So kam ein Philologe mit der Bahn, die ihn erst drei Stunden später wieder entführte, was Ulrike beinahe nicht durchgestanden hätte. «Auch wenn ich jung wäre, wär's nicht möglich all die Wünsche zu erfüllen», seufzte sie brieflich.

Dabei hatte sie alles, was sie über ihre Beziehung zum Dichter zu sagen hatte, im hohen Alter zu Papier gebracht. Doch war das Heft noch nicht zum Druck gelangt. Darin beschreibt Ulrike von Levetzow die fernen Erinnerungen an Marienbad 1821 und 1822 sowie an Marienbad und Karlsbad 1823, das Jahr der «Elegie». Von dieser erfuhr Ulrike erst nach Goethes Ableben. Sie wird die glühenden Beschwörungen der Verse kaum auf sich oder doch nicht allein auf sich bezogen haben, auch wenn ihr von allen Seiten versichert wurde, daß sie der Anlaß des großen Gedichts gewesen sei. Mit der eigenen Darstellung ihrer Goethe-Zeit wollte sie den zahlreichen Legenden um des Dichters «letzte Liebe» entgegentreten. Die kaum mehr als ein Dutzend Seiten beginnen so:

«Es hat mir schon immer leid getan, daß die Erinnerung an die Zeit, welche ich Goethe gekannt, mit mir begraben wird, und damit auch all die falschen, oft fabelhaften Geschichten, welche darüber gedruckt wurden, nicht widerlegt werden.»

Das versuchte sie im Fortgang des erst zwanzig Jahre nach ihrem Tod gedruckten Textes. Was sie darin schildert, entspricht mit kleinen Erinnerungslücken und -fehlern dem im Prolog Dargestellten und faßt es am Schluß noch einmal knapp zusammen:

«Ich kann nur wiederholen, was ich schon oft gesagt: es war eine schöne Zeit, welche wir mit dem so liebenswürdigen Mann verlebt haben, und die Briefe, die er noch lange Jahre mit meiner Mutter wechselte, zeigten, daß auch er sie nicht vergessen.»

Ulrike schließt ihre Entmythologisierung mit einer hilflos-energischen doppelten Verneinung. «Keine Liebschaft war es nicht.» Die Worte spiegeln ihr immer noch ungläubiges Staunen darüber, wie es ausgerechnet ihr, der nüchternen und bescheidenen Frau, hat widerfahren können, daß sie in solche weltliterarischen Sphären emporgehoben wurde. Sie dürfte die «Maximen und Reflexionen» ihres großen Freundes kaum gekannt haben. Eine davon aber trifft vielleicht ihre Situation am Ende des langen Lebens ganz gut. Es heißt dort über den alten Menschen:

«Er sieht, daß so vieles vom Zufall abzuhängen scheint: das

Unvernünftige gelingt, das Vernünftige schlägt fehl, Glück und Unglück stellen sich unerwartet in's Gleiche; so ist es, so war es, und das hohe Alter beruhigt sich in dem, der da ist, der da war, und der da sein wird.»

Elegie.
September 1823

Und wenn der Mensch in seiner Quaal verstummt
Gab mir ein Gott zu sagen was ich leide.

Was soll ich nun vom Wiedersehen hoffen?
Von dieses Tages noch geschlossner Blüte?
Das Paradies, die Hölle steht dir offen,
Wie wanckelsinnig regt sich's im Gemüthe! –
Kein Zweifeln mehr! Sie tritt an's Himmelsthor,
Zu Ihren Armen hebt Sie dich empor.

So warst du denn im Paradies empfangen
Als wärst du werth des ewig schoenen Lebens;
Dir blieb kein Wunsch, kein Hoffen, kein Verlangen,
Hier war das Ziel des innigsten Bestrebens,
Und in dem Anschaun dieses einzig Schoenen
Versiegte gleich der Quell sehnsüchtiger Thränen.

Wie regte nicht der Tag die raschen Flügel,
Schien die Minuten vor sich her zu treiben!
Der Abendkuss, ein treu verbindlich Siegel
So wird es auch der nächsten Sonne bleiben.
Die Stunden glichen sich in zartem Wandern
Wie Schwestern zwar doch keine ganz den andern.

Der Kuss der letzte, grausam süss, zerschneidend
Ein herrliches Geflecht verschlungner Minnen;
Nun eilt, nun stockt der Fuss die Schwelle meidend,
Als trieb ein Cherub flammend ihn von hinnen;
Das Auge starrt auf düstrem Pfad verdrossen,
Es blickt zurück die Pforte steht verschlossen.

Und nun verschlossen in sich selbst, als hätte
Dies Herz sich nie geöffnet, selige Stunden,
Mit jedem Stern des Himmels um die Wette,
An Ihrer Seite leuchtend nicht empfunden;
Und Missmuth, Reue, Vorwurf, Sorgenschweere
Belastens nun in schwüler Atmosphaere.

Ist denn die Welt nicht übrig? – Felsenwände
Sind nicht mehr gekrönt von heiligen Schatten?
Die Erndte reift sie nicht? Ein grün Gelände
Zieht sich's nicht hin am Fluss durch Busch und Matten?
Und wölbt sich nicht das überweltlich Grosse,
Gestaltet bald und bald gestaltenlose?

Wie leicht und zierlich, klar und zart gewoben,
Schwebt, Seraphgleich, aus ernster Wolcken Chor,
Als glich es Ihr, am blauen Aether droben,
Ein schlanck Gebild aus lichtem Duft empor;
So sahst du sie in frohem Tanze walten
Die lieblichste der lieblichsten Gestalten.

Doch nur Momente darfst dich unterwinden
Ein Luftgebild statt Ihrer fest zu halten;
In's Herz zurück! dort wirst du's besser finden,
Dort regt Sie Sich in wechselnden Gestalten;
Zu Vielen bildet Eine Sich hinüber,
So tausendfach, und immer immer lieber.

Wie zum Empfang Sie an den Pforten weilte
Und mich von dannauf stufenweis beglückte;
Selbst nach dem letzten Kuss mich noch ereilte,
Den letztesten mir auf die Lippen drückte;
So klar beweglich bleibt das Bild der Lieben,
Mit FlammenSchrift in's treue Herz geschrieben.

In's Herz das fest wie zinnenhohe Mauer
Sich Ihr bewahrt und Sie in sich bewahret,
Für Sie sich freut an seiner eignen Dauer,
Nur weis von sich wenn Sie Sich offenbaret;
Sich freyer fühlt in so geliebten Schrancken
Und nur noch schlägt für alles Ihr zu dancken.

War Fähigkeit zu lieben, war Bedürfen
Von Gegenliebe weggelöscht, verschwunden;
Ist Hoffnungslust zu freudigen Entwürfen,
Entschlüssen, rascher That sogleich gefunden!
Wenn Liebe je den Liebenden begeistet
Ward es an mir auf's lieblichste geleistet;

Und zwar durch Sie! – Wie lag ein innres Bangen
Auf Geist und Körper, unwillkommner Schweere;
Von Schauerbildern rings der Blick umfangen
Im wüsten Raum beklommner Herzensleere;
Nun dämmert Hoffnung von bekannter Schwelle,
Sie selbst erscheint in milder Sonnenhelle.

Dem Frieden Gottes, welcher euch hienieden
Mehr als Vernunft beseliget – wir lesen's –
Vergleich ich wohl der Liebe heitern Frieden
In Gegenwart des allgeliebten Wesens;
Da ruht das Herz, und nichts vermag zu stören
Den tiefsten Sinn, den Sinn Ihr zu gehören.

In unsers Busens Reine wogt ein Streben
Sich einem höhern, reinern, unbekannten,
Aus Danckbarkeit freywillig hinzugeben
Enträthselnd sich den ewig ungenannten;
Wir heissen's: fromm seyn! – Solcher seligen Höhe
Fühl ich mich theilhaft wenn ich vor Ihr stehe.

Vor Ihrem Blick, wie vor der Sonne Walten,
Vor Ihrem Athem, wie vor Frühlingslüften
Zerschmilzt, so längst sich eisig starr gehalten,
Der Selbstsinn tief in winterlichen Grüften;
Kein Eigennutz, kein Eigenwille dauert;
Vor Ihrem Kommen sind sie weggeschauert.

Es ist als wenn Sie sagte: Stund um Stunde
Wird uns das Leben freundlich dargeboten,
Das Gestrige lies uns geringe Kunde,
Das Morgende! Zu wissen ist's verboten;
Und wenn ich je mich vor dem Abend scheute,
Die Sonne sanck und sah noch was mich freute.

Drum thu wie Ich und schaue, froh verständig,
Dem Augenblick in's Auge! Kein Verschieben!
Begegn' ihm schnell, wohlwollend wie lebendig,
Im Handeln sey's, zur Freude, sey's dem Lieben;
Nur wo du bist sey alles, immer kindlich,
So bist du alles, bist unüberwindlich.

Du hast gut reden dacht ich, Zum Geleite
Gab dir ein Gott die Gunst des Augenblickes,
Und jeder fühlt, an deiner holden Seite,
Sich Augenblicks den Günstling des Geschickes;
Mich schreckt der Winck von Dir mich zu entfernen,
Was hilft es mir so hohe Weisheit lernen!

Nun bin ich fern! Der jetzigen Minute
Was ziemt denn der? Ich wüsst es nicht zu sagen;
Sie bietet mir zum Schönen manches Gute,
Das lastet nur, ich muss mich ihm entschlagen.
Mich treibt umher ein unbezwinglich Sehnen,
Da bleibt kein Rath als gränzenlose Thraenen.

So quellt denn fort! und fliesset unaufhaltsam;
Doch nie gelängs die innre Glut zu dämpfen!
Schon rasst's und reisst in meiner Brust gewaltsam,
Wo Tod und Leben grausend sich bekämpfen.
Wohl Kräuter gaeb's des Körpers Quaal zu stillen;
Allein dem Geist fehlt's am Entschluss und Willen;

Fehlt's am Begriff: wie sollt er Sie vermissen?
Er wiederholt Ihr Bild zu tausend malen.
Das zaudert bald, bald wird es weggerissen,
Undeutlich jetzt und jetzt im reinsten Stralen;
Wie könnte dies geringstem Troste frommen?
Die Ebb' und Flut, das Gehen wie das Kommen!

Verlasst mich hier, getreue Weggenossen!
Lasst mich allein am Fels, in Moor und Moos;
Nur immer zu! euch ist die Welt erschlossen,
Die Erde weit, der Himmel hehr und gros;
Betrachtet, forscht, die Einzelnheiten sammelt,
Naturgeheimniss werde nachgestammelt.

Mir ist das All, ich bin mir selbst verlohren,
Der ich noch erst den Göttern Liebling war;
Sie prüften mich verliehen mir Pandoren,
So reich an Gütern, reicher an Gefahr;
Sie drängten mich zum gabeseligen Munde,
Sie trennen mich, und richten mich zu Grunde.

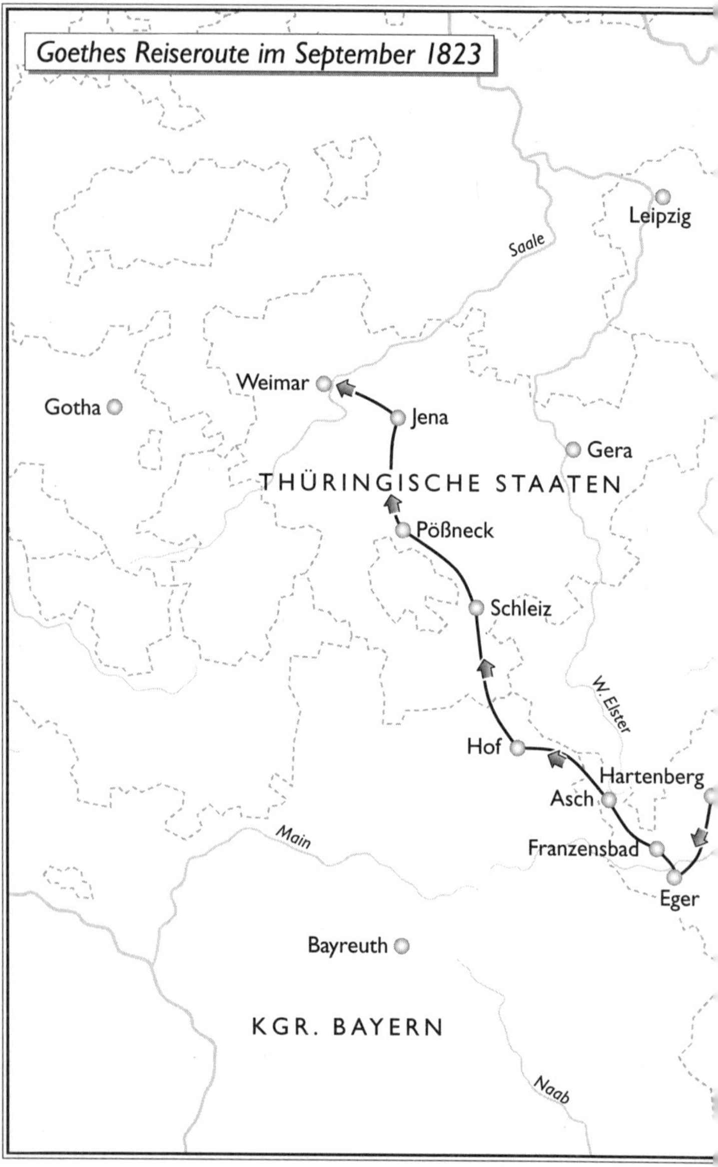

Goethes Reiseroute im September 1823

KGR. PREUSSEN
N
S
Elbe
Dresden
KGR. SACHSEN
Teplitz
Gut Trziblitz
Leitmeritz
Eger
Karlsbad
Böhmen
Prag
Beraun
Marienbad
ÖSTERREICHISCH-UNGARISCHE MONARCHIE
Pilsen
Moldau
0 10 20 30 40 50 km

Bildnachweise

Frontispitz: Ulrike von Levetzow. Anonymes Pastellgemälde, 1821. Stiftung Weimarer Klassik und Kunstsammlungen

Seite 1 und Seite 256: Handschrift der Marienbader Elegie. Stiftung Weimarer Klassik und Kunstsammlungen

Der Abdruck der Elegie von Marienbad entspricht Goethes eigenhändiger Reinschrift von 1823.

Karte auf den Seiten 252/253: Peter Palm, Berlin.

Verlaßt mich hier, getreue Weggenossen!
Laßt mich allein am Fels, in Moor und Moos,
Nur immer zu! euch ist die Welt erschlossen,
Die Erde weit, der Himmel hehr und gros;
Betrachtet, forscht, die Einzelnheiten sammelt,
Naturgeheimniß werde nachgestammelt.

Mir ist das All, ich bin mir selbst verlohren,
Der ich noch erst den Göttern Liebling war;
Sie prüften mich, verliehen mir Pandoren,
So reich an Gütern, reicher an Gefahr;
Sie drängten mich zum gabeseligen Munde,
Sie trennen mich, und richten mich zu Grunde.